AF145987

Herausgeber & Autoren:

Antje Wolf, Dr. phil., Studium der Fremdenverkehrsgeographie/Angewandten Geographie in Trier und Promotion an der Universität Paderborn, Fakultät für Kulturwissenschaften, arbeitete zunächst einige Jahre im Marketing und als Projektkoordinatorin im Destinationsmanagement am westlichen Bodensee, bevor sie als Wissenschaftliche Mitarbeiterin an der FU Berlin und begleitend als Senior Consultant für Reppel + Partner GmbH und THEMATA Freizeit- und Erlebniswelten Services GmbH tätig wurde. Aktuell ist sie als Professorin für Tourismus- und Eventmanagement an der EBC Hochschule Hamburg beschäftigt. Ihre Forschungsschwerpunkte sind marktforschungsgestützte Untersuchungen im Tourismus- und Eventmanagement, Nischenmärkte im Tourismus sowie sozialpsychologische Aspekte der Eventforschung.

Dirk Geest, Diplom-Kaufmann (FH) mit Schwerpunkt Tourismus und Marketing, hat u.a. beim Reiseveranstalter für Sprach- und Bildungsreisen, KulturLife gGmbH in Kiel, und an der EBC Hochschule Hamburg u.a. mit dem Studiengang Tourismus- und Eventmanagement gearbeitet. Heute ist er im Aus- und Weiterbildungsbereich tätig. „Das Geheimnis der Billigflieger" (2006) war seine erste Buchveröffentlichung im Tourismus. Gemeinsam mit Prof. Dr. Antje Wolf gab er 2014 „Die Urlaubsmacher - Karrierewege im Tourismus" und 2015 „Die Urlaubsmacher von morgen – Ausgewählte Interviews mit Tourismus-Studierenden" heraus.

Antje Wolf

Dirk Geest

URLAUBSMACHER werden!

Personalverantwortliche verraten, worauf es beim Arbeiten in der
Tourismusbranche wirklich ankommt

Antje Wolf

Dirk Geest

URLAUBSMACHER werden!

Personalverantwortliche verraten, worauf es beim Arbeiten in der Tourismusbranche wirklich ankommt

Fotos Titelseite (zusammengesetzt):
Bewerbungsgespräch: Junge Akademiker im Vorstellungsgespräch
Urheber © *Jeanette Dietl - fotolia.com*
Businessman working on a laptop © *raupixel - fotolia.com*

Herstellung und Verlag:
BoD – Books on Demand, Norderstedt

ISBN 9783738609752

Bibliografische Information der Deutschen Bibliothek.
Die Deutsche Bibliothek verzeichnet diese Publikation in der Deutschen
Nationalbibliografie; detaillierte bibliografische Daten sind im Internet
über http://dnb.d-nb.de abrufbar.

.

URLAUBSMACHER werden!

Personalverantwortliche verraten, worauf es beim Arbeiten in der Tourismusbranche wirklich ankommt

Inhaltsverzeichnis

I. Warum dieses Buch?

„Urlaub machen, kann jeder", aber wie wird man eigentlich ein „Urlaubsmacher"?

Kaum jemand weiß dies besser als diejenigen, die entscheiden, wer als „Urlaubsmacher" in einem Unternehmen oder in einer Organisation eingestellt wird – die Personalverantwortlichen der Tourismusbranche. Sie kennen die Branche, wissen, wie sie „tickt" und welche Voraussetzungen und Eigenschaften ein Mitarbeiter mitbringen muss, um in diesem harten Dienstleistungssektor tätig und v.a. bestehen zu können. Denn nirgends sind die Ansprüche von Kunden so hoch wie in der schönsten Zeit des Jahres – im Urlaub. Hinzu kommt, dass die Branche störungsanfällig und „sensibel" ist. Die Veränderungen des weltweiten Klimas, politische Krisen, Epidemien, Seuchen und Streiks seien hier nur stellvertretend genannt für eine Reihe von Faktoren, die das Produkt „Urlaub" nur bedingt planbar machen. Aufgrund dieser zahlreichen Variablen sind die Anforderungen für Mitarbeiter an ihre fachliche Qualifikation und v.a. auch an ihre sozialen und emotionalen Kompetenzen entsprechend hoch.

Damit der Management-Nachwuchs weiß und ein Gefühl dafür bekommt, worauf es als „Urlaubsmacher" ankommt, haben Prof. Dr. Antje Wolf, Dirk Geest und der Betreiber der

Internetseite www.mein-tourismus-studium.de zehn Personalverantwortliche und eine Bildungsexpertin aus der Reisebranche final ausgewählt (über 300 Unternehmen und Organisationen wurden angeschrieben) und konkret befragt, wie sie selbst in die Branche eingestiegen sind, wie ihre tägliche Arbeit aussieht, und worauf sie besonderen Wert bei ihren Mitarbeitern legen.

Mit Hilfe dieses Buches möchten wir einen Beitrag leisten im Übergang von der Hochschule in den Beruf und die Berufsorientierung sowie Berufsfindung der Studierenden und Hochschulabsolventen verbessern. Überzogene Erwartungen, idealisierte Vorstellungen, Missverständnisse und so manche Enttäuschungen lassen sich so bestenfalls vermeiden.

Prof. Dr. Antje Wolf   Dirk Geest

II. Interviews mit Personalverantwortlichen

Name: Katrin Flemming
Position: Human Resources Manager
Unternehmen: Center Parcs Bungalowpark Bispingen GmbH, Bispinger Heide

Beschreiben Sie bitte kurz Ihren beruflichen Werdegang mit den wichtigsten Stationen (Ausbildung, Studium, bisherige berufliche Tätigkeiten)!

Nach dem Abitur in Berlin habe ich in Flensburg internationales Management mit Schwerpunkt Personalwesen studiert. Ich habe dort einen Master-Abschluss erworben. Während des Studiums fing ich an, in der Gastronomie bei einem renommierten italienischen Restaurant zu arbeiten. Dies weckte mein Interesse an der Gastronomie, weil es mir viel Freude bereitete im Service zu arbeiten und mit der Zeit zu vielen Stammkunden auch ein sehr persönliches Verhältnis aufzubauen. Somit war es für mich nach dem Studium ein reizvoller Einstieg in das Berufsleben, ein Praktikum in der Personalabteilung des Hotels Adlon in Berlin zu absolvieren. Danach ging es weiter zum Hotel Holiday Inn, wo ich zunächst als Personalsachbearbeiterin und 1 ½ Jahre später als Personalleiterin alleinverantwortlich für die Personalabteilung war. Nach insgesamt gut drei Jahren wollte ich mich wieder gern weiterentwickeln und ging als Personalreferentin nach Bremen, um dort mehrere Gastronomiebetriebe, die zu einem Unternehmensverbund gehörten, zu betreuen. Leider ging dieses Unternehmen neun Monate später in die Insolvenz, so dass ich mich beruflich neu orientieren musste. Ein glücklicher Zufall wollte es, dass der Center Parcs Bispinger Heide just zu diesem Zeitpunkt einen neuen HR Manager suchte. Diese Herausforderung habe ich seiner Zeit gerne angenommen und bin bis zum heutigen Tage dort tätig.

Was machen Sie z.Zt. genau – beschreiben Sie bitte Ihre aktuelle berufliche Tätigkeit und Ihr Aufgabengebiet!
Als HR Managerin im Center Parcs Bispinger Heide bin ich für durchschnittlich 200 Center Parcs-Mitarbeiter für die gesamte operative Personalarbeit verantwortlich. Damit habe ich ein sehr generalistisches Aufgabenfeld, was die komplette Bandbreite von Recruiting über Aus- und Weiterbildung, über Personalcontrolling bis hin zu komplexen arbeitsrechtlichen Sachverhalten befasst. In all diesen Themen bin ich zudem die Ansprechpartnerin sowohl für Führungskräfte als auch für die Mitarbeiter.

Was reizt Sie besonders an der Tourismusbranche und speziell bei Ihrem Arbeitgeber?

„Arbeiten dort, wo andere Urlaub machen" das ist das Credo von Center Parcs. Hier bin ich auch als HR Manager mittendrin und weiß morgens noch nicht, was der Tag bringen wird. Was Center Parcs v.a. in Bispingen auszeichnet, ist das besonders familiäre Betriebsklima.

Können Sie etwas zum Gehaltsgefüge innerhalb der Tourismusbranche sagen?

Dieses bewegt sich im Branchenvergleich nach wie vor im unteren Gehaltssektor und damit zwischen Mindestlohn und je nach Position und Qualifikation durchschnittlich 36.000 – 42.000 € Jahresgehalt für Führungskräfte der mittleren Führungsebene.

Wie sieht ein typischer Arbeitstag bei Ihnen aus – gibt es diesen überhaupt bei Ihnen?

Nein, den gibt es nicht. Es gibt sicherlich Dinge, die sicher immer wiederholen, bspw. regelmäßige Meetings, Vorstellungsgespräche, Gespräche mit Führungskräften oder mit Mitarbeitern – also ganz viel Kommunikation, aber an welchem Tag was ansteht, kann man vorher nicht wissen.

Wie hoch ist Ihr Arbeitspensum (in Wochenstunden) in etwa?

Mein Arbeitspensum bewegt sich zwischen 42-45 Stunden pro Woche und liegt damit durchaus im Rahmen für eine vergleichbare

Führungsposition. Was bei mir hinzukommt, ist ca. alle sechs Wochen ein Einsatz am Wochenende. Es ist typisch in Hotels oder Ferienanlagen, dass es einen sogenannten Manager on Duty gibt. Dieser ist dann stellvertretend für die Geschäftsleitung verantwortlich für Gästebeschwerden, Notfälle aller Art oder sonstige besondere Vorkommnisse, die die anderen Mitarbeiter allein nicht bewerkstelligen könnten, ohne die Entscheidung einer Führungskraft zu haben. Damit der General Manager dafür nicht 365 Tage im Jahr vor Ort sein muss, wird diese Verantwortung dann im Management Team aufgeteilt, so dass jedes Mitglied des Management Teams abwechselnd verantwortlich vor Ort ist. Somit trifft es im Center Parcs Bispinger Heide jedes Management Team-Mitglied durchschnittlich alle sechs Wochen einmal, auch am Wochenende verantwortlich im Park zu arbeiten.

Haben sich Ihre beruflichen Erwartungen bisher insgesamt erfüllt?

Das haben sie. Ich habe mir einen abwechslungsreichen Job gewünscht, bei dem ich sowohl meine theoretischen Hintergründe aus dem Studium anwenden kann, aber auch viel mit der Praxis zu tun habe. Und durch die Arbeit vor Ort habe ich einen sehr engen Kontakt zu allen Mitarbeitern, was die Arbeit sehr familiär und angenehm gestaltet, auch wenn es naturgemäß nicht immer nur angenehme Gespräche sind, die ich zu führen habe. Dennoch bringt mir meine Tätigkeit sehr viel Spaß und gibt mir immer wieder das Gefühl, auch etwas bewirken zu können und hier und da den Mitarbeitern auch helfen zu können. Und das ist ein schönes Gefühl.

Was ist Ihnen bei Ihren Mitarbeiterinnen und Mitarbeitern wichtig? Worauf kommt es fachlich, sozial und menschlich/ persönlich dabei an?

Es sind eben die Dinge, die ich in der Frage zuvor schon genannt habe – ein direkter Kontakt zu den Mitarbeitern, wozu dann eben auch gehört, dass man sich über viele Dinge austauschen oder auch mal diskutieren kann, aber so, dass es immer fair für beide Seiten bleibt. Und dieses Gefühl hat man im Center Parcs Bispinger Heide. Es gibt, wie in jedem größeren Unternehmen, viele Vorgaben, die nicht immer nur Spaß bereiten: Finanzielle Vorgaben, qualitative Vorgaben, usw., die manchmal auch große Anstrengungen von jedem Einzelnen erfordern. Da ist es dann umso wichtiger, dass die Mitarbeiter untereinander, aber auch die Führungskräfte mit den Mitarbeitern gut zusammenarbeiten und sich abteilungsübergreifend gegenseitig unterstützen. Dies klappt nicht immer reibungslos, aber es lohnt sich, sich dieses immer wieder in Erinnerung zu rufen.

Ausbildung oder Studium oder beides nacheinander? Dual oder privat studieren? Was ist der bessere Weg heutzutage? Gibt es „den" Königsweg?

Es gibt keinen „Königsweg", sondern jeder muss für sich individuell schauen, welches der beste Weg ist. Wichtig ist, dass man für sich persönlich Ziele definiert und dann kontinuierlich darauf hinarbeitet. Letztlich kann man so immer zu einem guten Ziel kommen. Es kommt ja auch entscheidend darauf an, was man womit erreichen will. Während man mit einer Ausbildung sehr schnell zum Ziel kommen kann, im Beruf zu stehen und sein eigenes Geld zu verdienen, kann man in einem Studium schneller theoretisches Wissen erwerben, sich in verschiedenen Feldern ausprobieren und auch mal ein, zwei Stationen im Ausland einlegen. Dies ist nicht mehr so ohne Weiteres möglich, wenn man erst einmal im Beruf steht. Daher sollte jeder für sich selbst zunächst feststellen, was möchte ich im Leben erreichen, welche Träume möchte ich mir erfüllen, um dann den „richtigen" Weg dahin zu finden.

Für alle, die Tourismus studieren wollen – reicht der Bachelor-Abschluss heutzutage aus Ihrer Sicht aus oder muss es zwingend der Master-Abschluss sein? Wie erfahren ist die Tourismusbranche mit den neuen Studienabschlüssen?

Meiner Meinung nach reicht ein Bachelor-Abschluss in der Tourismusbranche für die untere und mittlere Führungsebene vollkommen aus. Ich selbst habe einen Master-Abschluss gemacht, weil ich seinerzeit davon ausging, dass nur ein Master-Studium ein vollwertiges Studium sei. Aber das ist mittlerweile längst überholt. Abgesehen davon, kann man nach einem Bachelor-Studium auch sehr gut zunächst einige Jahre Berufserfahrung sammeln und dann, wenn es sich doch als interessant oder notwendig erweisen sollte, nochmal ein Master-Studium dranhängen. Dies hat meiner Ansicht nach den großen Vorteil, dass man dann seine Kenntnisse aus der Berufspraxis in das Master-Studium einbringen kann und die Inhalte, die dort vermittelt werden, ganz anders interpretieren und diskutieren kann.

Was meinen Sie, wie kommen Studierende und Hochschulabsolventen nach dem Studium am besten in den gewünschten Job? Über Praktika, Projektarbeiten, Bachelor-/ Master-Thesis, Traineeprogramm, Direkteinstieg, Auslandsaufenthalte, Fremdsprachen, Netzwerke…?
Auch hierfür gibt es keinen „Königsweg". Was sicherlich sehr hilfreich ist, ist sich so frühzeitig wie möglich sein eigenes Netzwerk auf- und auszubauen. Man darf keine Angst davor haben, auf andere Menschen zuzugehen. Dann sollte man sich die Mühe machen,

ggf. nach interessanten Personen, bestenfalls Personalverantwortlichen, die in Unternehmen tätig sind, für die man selbst gerne später arbeiten möchte, zu recherchieren und diese direkt anzusprechen, sei es über „Xing", LinkedIn und Co. Es gibt nie bessere Zeiten als heutzutage, um sich auf diese Art und Weise mit Unternehmen in Kontakt zu bringen.

Welche Einstiegsmöglichkeiten bietet das Unternehmen, in dem Sie beschäftigt sind, jungen Menschen, um dort beruflich Fuß zu fassen? (z.B. Praktika, Projektarbeiten, Bachelor-/Master-Thesis, Traineeprogramm, Direkteinstieg)?
In den Center Parcs ist die klassische Berufsausbildung noch sehr stark vertreten und es gibt wenige Studierende, die dort tätig sind. Wenn sie bei uns beschäftigt sind, dann zumeist als studentische Aushilfen, die bspw. in der Abteilung „Adventure Sports" angestellt sind, um dort den Gästen Sportkurse anzubieten, die sie selbst dann anleiten. Vereinzelt kann man jedoch auf Anfrage längerfristige Praktika durchführen oder auch mal die Bachelor-Thesis im Unternehmen schreiben. Da kommt es dann sehr auf das jeweilige Thema an. In der Zentrale hingegen sehe ich schon eher die Möglichkeit, interessante Praktika durchzuführen, weil dort die zentrale Marketing- und HR-Abteilung für alle Parks zuständig ist.

Was schätzen Sie an Ihren jungen Bewerbern, was vermissen Sie, bzw. wo sehen Sie grundlegend noch Verbesserungsbedarf im Ausbildungssystem?

Bewerber, die heutzutage Abitur haben oder schon im Studium stehen, sind oftmals sehr leistungsorientiert und flexibel. Sie könnten an der einen oder anderen Stelle sicher wesentlich selbstsicherer auftreten und weniger Angst davor haben, den falschen Weg einzuschlagen. Und sie sollten weniger Angst davor haben, auf andere Menschen, Unternehmensvertreter zuzugehen. Dahingehend gibt es sicherlich noch Verbesserungsbedarf im Ausbildungssystem, aber durch verschiedene Institutionen, die genau diesen Kontakt fokussieren, seien es Industrie- und Handelskammern, Arbeitgeberverbände etc., ist man da schon auf einem guten Weg.

Demografischer Wandel, Fachkräftemangel, War for Talents, Employer Branding sind Stichwörter, die gegenwärtig diskutiert werden. Wie stehen Sie dazu? Was sind aus Ihrer Sicht die großen Personalthemen der Zukunft? Worauf kommt es in Zukunft Ihrer Meinung nach an?

Worauf es heutzutage schon ankommt und was sich in Zukunft sicherlich noch wesentlich verstärken wird, ist, dass sich Personalverantwortliche in ihrer Arbeit nach den Bedürfnissen des jeweiligen Unternehmens einerseits und nach den Bedürfnissen der Bewerber bzw. Mitarbeiter andererseits anpassen müssen. D.h., sie müssen vorhandene Strukturen im Unternehmen mitgestalten und immer wieder neu überprüfen und ggf. anpassen. Sie müssen sich mit den sozialen Medien befassen und mit diesen arbeiten. Sie müssen Modelle anbieten, die den Unternehmen den wirtschaftlichen Erfolg garantieren und dennoch die sozialen Bedürfnissen der Mitarbeiter gerecht werden, die in einem stetigen Wandel stehen, seien es bspw. flexible Arbeitszeitmodelle, flexible Lernmodelle, flexible Gehaltsmodelle usw. Je beweglicher die Personalabteilung eines Unternehmens agieren kann, um sich den jeweiligen Notwendigkeiten anzupassen, umso erfolgreicher wird ein Unternehmen in all diesen Themen unterstützen können und damit auch die notwendige Anerkennung finden.

Zu guter Letzt – möchten Sie den zukünftigen Berufsanfängern noch etwas mit auf den Weg geben?
Die Welt bietet heutzutage alle Möglichkeiten, ganz viele verschiedene und individuelle Wege einzuschlagen. Davon darf man sich aber nicht beirren lassen. Wenn man sich die Zeit nimmt, sich selbst frühzeitig seine eigenen Ziele zu definieren, gibt es keinen falschen Weg, weil man diesen auch immer wieder anpassen kann. Und wenn man dann keine Angst davor hat, auf andere Menschen zuzu-

gehen und diese direkt anzusprechen, wird man diese Ziele garantiert auch erreichen.

HERZLICHEN DANK!!

> **Name:** Céline Binnewies
> **Position:** Personalmanagement
> **Unternehmen:** Holiday Extras GmbH, München

Beschreiben Sie bitte kurz Ihren beruflichen Werdegang mit den wichtigsten Stationen (Ausbildung, Studium, bisherige berufliche Tätigkeiten)!

BWL-Studium an der FH Landshut mit Schwerpunkt Personalmanagement und Controlling, parallele Werkstudierendentätigkeit in der Reservierung bei Holiday Extras inklusive Bachelor-Arbeit in Kooperation mit Holiday Extras. Im Anschluss Festanstellung als Management Trainee mit Schwerpunkt Personal. Nach sechs Monaten kompletter Wechsel bzw. Auf- und Ausbau der Personalabteilung als Stellvertretende Leitung Personal mit der Verantwortung für Recruiting und Personalentwicklung, seit Mai 2014 Übernahme weiterer Aufgaben des Personalmanagements.

Was machen Sie z.Zt. genau – beschreiben Sie bitte Ihre aktuelle berufliche Tätigkeit und Ihr Aufgabengebiet!

Als Leitung Personal verantworte ich alle Bereiche im Personalmanagement

- Recruiting
- Learning & Development

- Personalverwaltung (Arbeitszeugnisse erstellen, Unterlagen verwalten, Urlaubsverwaltung…)
- Businesspartner für die Abteilungsleiter in Bezug auf Feedbackprozesse
- Forecasting & Budgeterstellung und -kontrolle
- Projekte (Aus- und Aufbau des Employer Brandings, Mitarbeiterbindung, Gesundheitsmanagement)

Was reizt Sie besonders an der Tourismusbranche und speziell bei Ihrem Arbeitgeber?

Es ist fantastisch, Teil eines wachsenden Unternehmens zu sein, bei dem man tagtäglich seinen Beitrag zum Unternehmenserfolg einbringen und den Fortschritt miterleben kann. Für mich machen in der Tourismusbranche die Menschen den besonderen Reiz aus. Zudem kann man sich leicht mit dem identifizieren, was das Unternehmen macht und welche Mission Holiday Extras im Rahmen des Personalmanagements verfolgt.

Können Sie etwas zum Gehaltsgefüge innerhalb der Tourismusbranche sagen?

Jeder, der im Tourismus arbeitet, weiß, dass man in dieser Branche nicht unbedingt schnell reich werden kann. Das sollte aber auch nicht der ausschlaggebende Grund sein, warum man sich für oder gegen die Touristik entscheidet. Klar ist jedoch, dass es reichen muss und das auch an Orten mit relativ hohen Lebenshaltungskosten. Sollte das Gehaltsgefüge dauerhaft auf dem Niveau bleiben, wird über kurz oder lang der Nachwuchs ausbleiben - zumal die Vorteile (Vergünstigungen bei privaten Reisen) immer geringer werden. Besonders schwierig ist es als touristisches Unternehmen Personal für branchenunabhängige Bereiche zu finden, bspw. eCommerce, IT oder Buchhaltung, da diese sich nicht so leicht auf touristische Gehälter einlassen. Hier ist die Überzeugungsarbeit, die man leisten muss, besonders gefragt, bzw. man muss einfach andere Wege über weiche Faktoren, wie flexible Arbeitszeiten, Home-Office, Zusatzleistungen u.ä., finden.

Wie sieht ein typischer Arbeitstag bei Ihnen aus – gibt es diesen überhaupt bei Ihnen?

Selbstverständlich gibt es Routineaufgaben, wie Emails checken, Bewerbungseingänge prüfen, monatliche und wöchentliche Termine und Meetings. Alles in allem ist es jedoch sehr abwechslungsreich und man kann nicht immer genau sagen, was der Tag oder die Woche bringt. Gerade im Personalbereich kann sich das fast stündlich ändern - das macht aber auch den Reiz daran aus!

Wie hoch ist Ihr Arbeitspensum (in Wochenstunden) in etwa?

Aufgrund der unternehmensweiten flexiblen Arbeitszeiten kann ich die vertraglich vereinbarte Wochenarbeitszeit sehr gut einhalten, sodass kaum Überstunden anfallen. Sollte es projektbedingt oder aufgrund von Spitzenzeiten mal mehr sein, kann das zeitnah wieder ausgeglichen werden.

Haben sich Ihre beruflichen Erwartungen bisher insgesamt erfüllt?

Definitiv! Es ist sogar noch spannender als gedacht. Durch das mir entgegengebrachte Vertrauen konnte ich schnell Verantwortung übernehmen und wachse daran noch heute täglich.

Was ist Ihnen bei Ihren Mitarbeiterinnen und Mitarbeitern wichtig? Worauf kommt es fachlich, sozial und menschlich/ persönlich dabei an?

Das A und O ist die richtige Einstellung zum Job. Nur wer Spaß an dem hat, was er macht, kann das auch weitergeben! Gerade im Personalbereich sind Soft Skills wichtiger als fachliches Know-how - letzteres kann vergleichsweise einfach erworben werden. Neben der richtigen Einstellung zum Job und v.a. zum Unternehmen sind Persönlichkeit und soziale Kompetenz ausschlaggebend. Hier zum einen, dass die Werte und Philosophie des Unternehmens geteilt werden und zum anderen Eigenschaften, wie Zuverlässigkeit, Verantwortungsbewusstsein, Selbständigkeit und Eigeninitiative.

Ausbildung oder Studium oder beides nacheinander? Dual oder privat studieren? Was ist der bessere Weg heutzutage? Gibt es „den" Königsweg?

Den Königsweg gibt es leider nicht. Jeder muss selbst wissen, welcher Weg für das angestrebte Berufsziel der richtige ist. Aus meiner Erfahrung kann ich für unser Unternehmen jedoch ganz klar sagen, dass die bisher erworbene Berufserfahrung oft das Zünglein an der Waage ist. So haben wir uns in der Vergangenheit oft eher für einen Kandidaten mit Berufsausbildung und damit mindestens drei Jahren Praxiserfahrung entschieden, statt für jemanden mit Bachelor-/ Master-Abschluss. Hier kann man durch ein duales Studium natürlich zwei Fliegen mit einer Klappe schlagen und einen akademischen Abschluss erwerben und die Praxiserfahrung vorweisen. Kurz gesagt: Erfahrung schlägt meist den Bildungsgrad. Dies ist aber auch immer abhängig von der zu besetzenden Position.

Für alle, die Tourismus studieren wollen – reicht der Bachelor-Abschluss heutzutage aus Ihrer Sicht aus oder muss es zwingend der Master-Abschluss sein? Wie erfahren ist die Tourismusbranche mit den neuen Studienabschlüssen?

Ich vertrete ganz klar die Meinung, dass ein Master nicht unbedingt notwendig ist. Für uns zählt die Erfahrung mehr! Bewerber mit Master-Abschluss haben i.d.R. Gehaltsvorstellungen, die sich leider nicht mit der Realität vereinen lassen und dann zusätzlich noch die fehlende Praxis…, da gehen einfach die Argumente aus. Zudem möchten viele Bewerber scheinbar gleich in eine Managementposition einsteigen. Dies ist in kleinen Unternehmen einfach nicht umsetzbar. Je nach Bereich ist daher ein Bachelor-Abschluss absolut ausreichend. Mittlerweile gibt es tolle Möglichkeiten, einen Master berufsbegleitend zu machen! Die Abschlüsse gibt es ja bereits einige Jahre. Hier bemerkt man jedoch für die touristischen Studiengänge häufig eine Abkehr vom Tourismus. Viele machen einen Tourismus-Bachelor, weil die Branche attraktiv, interessant und abwechslungsreich erscheint. Spätestens am Ende des Studiums kommt dann jedoch oft die Ernüchterung, was insbesondere das Gehaltsniveau in der Branche angeht und dann wird der Master genutzt, sich branchenunabhängiger aufzustellen. Dadurch verliert die Touristik vielversprechenden Nachwuchs.

Was meinen Sie, wie kommen Studierende und Hochschulabsolventen nach dem Studium am besten in den gewünschten Job? Über Praktika, Projektarbeiten, Bachelor-/ Master-Thesis, Traineepro-

gramm, Direkteinstieg, Auslandsaufenthalte, Fremdsprachen, Netzwerke...?

Traineeprogramme sind hier absolut der Favorit. Daneben sind Kontakte und Netzwerke unschlagbar. In unserem Unternehmen haben sich aber auch Werkstudierendenjobs ausgezahlt, indem wir vielen von ihnen nach ihrem Abschluss eine Festanstellung anbieten konnten.

Welche Einstiegsmöglichkeiten bietet das Unternehmen, in dem Sie beschäftigt sind, jungen Menschen, um dort beruflich Fuß zu fassen? (z.B. Praktika, Projektarbeiten, Bachelor-/Master-Thesis, Traineeprogramm, Direkteinstieg)?

Wir bieten jedes Jahr einen dualen Studienplatz an und streben ganz klar auch die Übernahme in eine Festanstellung an! Daneben gehören Traineeprogramme und Werkstudierendenjobs zu unseren erfolgreichsten Modellen. Selbstverständlich sind wir auch ein Ausbildungsbetrieb und bilden aktuell einen Kollegen im Bereich Dialogmarketing aus.

Was schätzen Sie an Ihren jungen Bewerbern, was vermissen Sie, bzw. wo sehen Sie grundlegend noch Verbesserungsbedarf im Ausbildungssystem?

Der schwierigste Punkt ist ganz klar die Erwartung, die Absolventen haben, wenn es an die Jobsuche geht. Des Weiteren werden Ausschreibungen leider selten genau gelesen -

gerade was die geforderte Praxiserfahrung angeht. Hier sehe ich die Aufgabe bei den Hochschulen, ein realistisches Bild der Branche zu vermitteln.

Demografischer Wandel, Fachkräftemangel, War for Talents, Employer Branding sind Stichwörter, die gegenwärtig diskutiert werden. Wie stehen Sie dazu? Was sind aus Ihrer Sicht die großen Personalthemen der Zukunft? Worauf kommt es in Zukunft Ihrer Meinung nach an?

Für Unternehmen wird es das Wichtigste sein, als attraktiver Arbeitgeber wahrgenommen zu werden. Durch Work-Life-Balance, Arbeitsklima und Entwicklungsmöglichkeiten sollte eine Arbeitgebermarke aufgebaut werden. So kann man in der Zukunft genügend und qualifizierte Mitarbeiter finden und v.a. auch halten!

Zu guter Letzt – möchten Sie den zukünftigen Berufsanfängern noch etwas mit auf den Weg geben?

Jeder Job setzt sich aus verschiedenen Bausteinen zusammen. Diese sind Kollegen, Arbeitsklima, Unternehmen, Arbeitsaufgabe, Gehalt, Arbeitszeiten, Sonderleistungen usw. Jeder muss selbst das passende Paket für sich raussuchen mit dem er sich wohlfühlt. Es ist fast unmöglich ein Unternehmen zu finden, bei dem alles zu 100% perfekt ist. Daher muss man selbst wissen, wo die Prioritäten liegen und was zu einem passt - dann wird man auch das Richtige für sich finden!

HERZLICHEN DANK!!

Name: Daniela Block
Position: Senior Coordinator HR
Unternehmen: MSC Kreuzfahrten GmbH, München

Beschreiben Sie bitte kurz Ihren beruflichen Werdegang mit den wichtigsten Stationen (Ausbildung, Studium, bisherige berufliche Tätigkeiten)!

Nach dem Abitur habe ich zunächst einen Bachelor-Abschluss in „International Business Studies" an der Universität Paderborn sowie einen Master-Abschluss in „International Tourism Management" an der Hochschule Heilbronn absolviert. Da es mir wichtig war, bereits frühzeitig auch praktische Erfahrungen zu sammeln, habe ich neben dem Studium u.a. in der Personaleinsatzplanung bei „ruf reisen", im Talentmanagement der „Steigenberger Hotel Group" und im Hochschulmarketing der Hochschule Heilbronn gearbeitet. Außerdem war ich mehrere Sommersaisons als Reiseleiterin in Spanien unterwegs. Weitere Auslandserfahrung habe ich in Madrid als Au-Pair und in Athen als Erasmus-Studentin gesammelt.

Nach dem Master habe ich ein einjähriges Traineeprogramm bei der MSC Kreuzfahrten GmbH in München durchlaufen. Dort konnte ich in die verschiedensten Abteilungen hineinschnuppern und arbeite seitdem mit viel

Freude im Personalbereich des Unternehmens.

Was machen Sie z.Zt. genau – beschreiben Sie bitte Ihre aktuelle berufliche Tätigkeit und Ihr Aufgabengebiet!

Als Senior Coordinator HR bin ich für das gesamte Spektrum der Personalarbeit bei MSC Kreuzfahrten in München verantwortlich. Dazu gehören Recruiting, Personaladministration, Personalentwicklung, Budgetplanung und Performance Management. Darüber hinaus bin ich auch Ansprechpartnerin für personalrelevante Themen für alle Mitarbeiter und Führungskräfte. Dabei arbeite ich eng mit dem Geschäftsführer in Deutschland und unserer Unternehmenszentrale in Genf zusammen.

Was reizt Sie besonders an der Tourismusbranche und speziell bei Ihrem Arbeitgeber?

Es macht unheimlich Spaß, an einem Produkt mitzuarbeiten, das den klassischen „Urlaubstraum" vieler Menschen erfüllt. Mich spricht auch die Internationalität der Tourismusbranche an, die viele Kontakte auf der ganzen Welt ermöglicht und auch voraussetzt. Dies macht die Arbeit sehr abwechslungsreich und im interkulturellen Aspekt auch manchmal sehr herausfordernd.

Bei MSC Kreuzfahrten reizt mich neben dem tollen Münchener Team die Arbeit im boomenden Kreuzfahrtmarkt. MSC hat in den letzten zwölf Jahren fast jedes Jahr ein neues Schiff getauft, vier weitere werden bis 2019 folgen. Es ist einfach spannend zu sehen, wie dynamisch das Unternehmen sich entwickelt und ich meinen Teil dazu beitragen kann.

Können Sie etwas zum Gehaltsgefüge innerhalb der Tourismusbranche sagen?

Es ist kein Geheimnis, dass man in anderen Branchen mehr verdienen kann. Ich erlebe es leider immer wieder, dass gerade in gehobenen Positionen Mitarbeiter u.a. aus Gehaltsgründen dem Tourismus den Rücken kehren.

Allerdings spielen neben dem Gehalt natürlich auch andere Faktoren eine Rolle, sich für eine Branche zu entscheiden. Bekanntlich profitieren Touristiker von besonderen Vorteilen, wenn es ums Reisen geht. Und wir arbeiten einfach für ein spannendes Produkt, das mit vielen positiven Emotionen verbunden ist.

Wie sieht ein typischer Arbeitstag bei Ihnen aus – gibt es diesen überhaupt bei Ihnen?

Einen wirklich typischen Arbeitstag gibt es nicht, da im Personalbereich jeden Tag andere Dinge zu tun sind. Ich verbringe viel Zeit an meinem Schreibtisch mit PC oder Telefon, sei es, um mit Bewerbern in Kontakt zu treten oder Trainingsmöglichkeiten zu organisieren. Und viele persönliche Gespräche sind wichtig

– meine Tür ist immer offen, um Mitarbeitern mit Rat und Tat zur Seite zu stehen.

Wie hoch ist Ihr Arbeitspensum (in Wochenstunden) in etwa?

Grundsätzlich entspricht mein Arbeitspensum der klassischen 40 Stunden-Woche. Natürlich gibt es immer wieder Tage, an denen mehr Arbeit anfällt. Aber wenn der Job Spaß macht, schielt man ja auch nicht immer auf die Uhr!

Haben sich Ihre beruflichen Erwartungen bisher insgesamt erfüllt?

Ein klares ja! Gerade jetzt in meiner Position in München habe ich eine sehr spannende und abwechslungsreiche Stelle, die mir sehr gut gefällt. Es ist toll, bereits so früh in meiner beruflichen Karriere eine so verantwortungsvolle Position zu haben.

Was ist Ihnen bei Ihren Mitarbeiterinnen und Mitarbeitern wichtig? Worauf kommt es fachlich, sozial und menschlich/ persönlich dabei an?

Zunächst einmal spielt die relevante berufliche Erfahrung die allergrößte Rolle. Zusätzlich dazu sind in der Tourismusbranche internationale Erfahrungen und fließende Englischkenntnisse ein Muss. Auch die Soft Skills von Bewerbern schauen wir uns genau an: verantwortungsbewusst, kommunikativ, stressresistent und kundenorientiert sind hier die Stichworte. Außerdem legen wir besonderen Wert auf eine „Hands-on"-Mentalität und achten darauf, dass die Bewerber von ihrer Persönlichkeit her gut in das Team passen.

Ausbildung oder Studium oder beides nacheinander? Dual oder privat studieren? Was ist der bessere Weg heutzutage? Gibt es „den" Königsweg?
Jeder hat hier seinen persönlichen Königsweg. Ein duales Studium ist gut, weil es Praxis und Theorie miteinander verbindet. Aber das kann man auch auf anderen Wegen erreichen.

Des Weiteren finde ich es wichtig, sich nach Möglichkeit nicht zu früh zu sehr in seiner Ausbildung zu spezialisieren. Hier sehe ich einen großen Vorteil bei Traineeprogrammen, die einen guten Überblick über das gesamte Unternehmen ermöglichen. Ganz egal, welche Richtung man später in seiner Karriere einschlägt: Ein guter Überblick ist immer von Vorteil und hilft dabei, genau das richtige Betätigungsgebiet für sich zu finden.

Für alle, die Tourismus studieren wollen – reicht der Bachelor-Abschluss heutzutage aus Ihrer Sicht aus oder muss es zwingend der Master-Abschluss sein? Wie erfahren ist die Tourismusbranche mit den neuen Studienabschlüssen?
Es kommt nicht auf Bachelor oder Master an, sondern v.a. darauf, welche praktischen Erfahrungen während des Studiums gesammelt wurden, und leider auch immer öfter, an wel-

cher Hochschule oder Universität der Abschluss gemacht wurde. Da gibt es doch große qualitative Unterschiede zwischen den einzelnen Hochschulen. Es ist heute daher extrem schwierig für uns als Unternehmen, Hochschulabschlüsse – egal ob Bachelor oder Master – zu bewerten. Und am Ende des Tages überzeugt der Bewerber neben seinem Studium auch mit seiner Praxiserfahrung und seiner Persönlichkeit.

Was meinen Sie, wie kommen Studierende und Hochschulabsolventen nach dem Studium am besten in den gewünschten Job? Über Praktika, Projektarbeiten, Bachelor-/ Master-Thesis, Traineeprogramm, Direkteinstieg, Auslandsaufenthalte, Fremdsprachen, Netzwerke…?

Auch hier gibt es meiner Meinung nach keinen Königsweg. Auslandsaufenthalte und Fremdsprachen sind heute ein Muss in der Touristik und stellen kein Alleinstellungsmerkmal mehr dar. Wichtig ist es v.a., so viele praktische Erfahrungen zu machen wie möglich, egal ob Praktika, Bachelor-/ Master-Thesis oder Traineeprogramm. Durch praktische Erfahrungen baut man automatisch ein Netzwerk auf. Ich bin davon überzeugt, dass Netzwerke in der Zukunft noch wichtiger werden, um erfolgreich in den Job zu starten und um später in der Karriere weiterzukommen.

Welche Einstiegsmöglichkeiten bietet das Unternehmen, in dem Sie beschäftigt sind, jungen Menschen, um dort beruflich Fuß zu fassen? (z.B. Praktika, Projektarbeiten, Bachelor-/Master-Thesis, Traineeprogramm, Direkteinstieg)?

Bei MSC Kreuzfahrten bieten wir unterschiedliche Einstiegsmöglichkeiten. Wer zunächst einmal in die Branche und in unser Unternehmen hineinschnuppern möchte, kann ein Praktikum machen. Die Praktika bei uns dauern mindestens fünf Monate, da wir die Erfahrung gemacht haben, dass dieser Zeitraum sowohl für die Studierenden als auch für uns optimale Einsatzmöglichkeiten erlaubt. Den Unternehmensbereich können die Praktikanten dann frei wählen: Marketing, E-Commerce, Sales, Finance & Accounting, Business Planning & Pricing oder Transportation.

Ein Direkteinstieg ist bei MSC natürlich auch jederzeit möglich. Wir wachsen und sind immer offen für vielversprechende Bewerber – sowohl in München als auch in Salzburg in unserem Contact Center. Punkten können bei uns besonders diejenigen Bewerber, die bereits umfassende praktische Erfahrungen mitbringen.

Was schätzen Sie an Ihren jungen Bewerbern, was vermissen Sie, bzw. wo sehen Sie grundlegend noch Verbesserungsbedarf im Ausbildungssystem?

An jungen Bewerbern schätze ich v.a. ihre ausgesprochene Flexibilität. Junge Menschen sind in den meisten Fällen spontan in den verschiedensten Bereich einsetzbar und gehen intuitiv mit neuen Medien und Computern um. Ebenso ist es von Vorteil, dass die meisten jungen Bewerber schon Erfahrungen im Ausland gemacht und somit schon einmal interkulturelle Erfahrungen gesammelt haben. Verbesserungsbedarf sehe ich beim Realitätssinn einiger junger Leute. Die Bewerber sollten sich unbedingt ein realistisches Bild darüber machen, wie eine Einstiegsposition aussieht. Keiner wurde als leitender Manager oder Führungskraft geboren. Ich bekomme viele Bewerbungen auf den Tisch, die völlig falsche Vorstellungen von einer Einstiegsposition haben. Und leider hapert es immer häufiger auch an grundlegenden Fähigkeiten, wie einer korrekten Rechtschreibung und den Grundrechenarten.

Demografischer Wandel, Fachkräftemangel, War for Talents, Employer Branding sind Stichwörter, die gegenwärtig diskutiert werden. Wie stehen Sie dazu? Was sind aus Ihrer Sicht die großen Personalthemen der Zukunft? Worauf kommt es in Zukunft Ihrer Meinung nach an?

Ich sehe momentan im Tourismus, abgesehen von sehr speziellen Bereichen, wie Flug- oder E-Commerce-Spezialisten, noch keinen akuten Fachkräftemangel. Der demografische

Wandel ist natürlich ein Thema, wobei in der Tourismusbranche ein eher junges Durchschnittsalter zu finden ist.

Ich glaube aber, dass der „War for Talents" ein Thema der Zukunft sein wird. Wenn immer weniger qualifizierter Nachwuchs auf den Markt kommt, werden Unternehmen zunehmend darum kämpfen müssen, die besten Talente für ihr Unternehmen zu gewinnen und auch zu halten. Um dies zu erreichen, müssen wir uns in Zukunft noch stärker auf die Bedürfnisse der neuen Generationen einstellen. Gerade in der Tourismusbranche mit den schon erwähnten Gehaltsstrukturen wird dies eine Herausforderung.

Zu guter Letzt – möchten Sie den zukünftigen Berufsanfängern noch etwas mit auf den Weg geben?

Praxis, Praxis, Praxis! Ich kann nur dringend empfehlen, während des Studiums so viele praktische Erfahrungen wie möglich zu sammeln. Damit meine ich nicht nur Praktika und Werkstudierendentätigkeiten, sondern auch ehrenamtliches Engagement in Vereinen oder die Mithilfe bei (Hochschul-)Veranstaltungen etc. Mit sozialem Engagement können Bewerber heute zusätzlich punkten.

Prinzipiell sollte man jede Gelegenheit nutzen, sein Netzwerk und seine Kontakte zu erweitern. Man weiß nie, wann diese in Zukunft einmal nützlich sein können.

Und meine letzten Tipps: Erstens: Haben Sie Mut zu einer Entscheidung mit Risiko! Gerade diese Entscheidungen können die Karriere entscheidend vorantreiben. Zweitens: Hören Sie auf Ihr Bauchgefühl! Meine persönliche Erfahrung ist, dass es bei vielen Entscheidungen den richtigen Weg weist.

HERZLICHEN DANK!!

Name: Dagmar Kimmel
Position: Geschäftsführerin & Personal-
verantwortliche
Unternehmen: Wikinger Reisen GmbH,
Hagen

Beschreiben Sie bitte kurz Ihren berufli-
chen Werdegang mit den wichtigsten Sta-
tionen (Ausbildung, Studium, bisherige
berufliche Tätigkeiten)!
Dipl. Politologin; anschließend Aufbaustudium Tourismus-Management; Robinson Club-
Verkaufsförderung; Olympia-Reisen Berlin,
Büro- und Verkaufsleiterin; Dorint-Hotels –
Regionalverkaufsleiterin; Stena Line, Marke-
tingleiterin - später gesamte Leitung der deutschen Niederlassung (Passage); Wikinger Reisen, Geschäftsführerin (Marketing, Vertrieb,
PR)

Was machen Sie z. Zt. genau – beschrei-
ben Sie bitte Ihre aktuelle berufliche Tä-
tigkeit und Ihr Aufgabengebiet!
Inhaltliche Abstimmung mit unserer Pressere-
ferentin über Pressethemen, Pressemitteilun-
gen, Pressereisen, Pressegespräche; eigenstän-
dige Presseinterviews; Abstimmungen mit
unserer Marketing- und IT-Abteilung über
laufende Projekte; Meetings mit der Werbe-
agentur zu Katalogen; Projektgespräche bspw.
über Kundenzeitschrift; Mailings; Verkaufs-
förderungsmaßnahmen;

Nachhaltigskeitsthemen; Web-Auftritt; Online-Aktivitäten; Kooperationen.

Was reizt Sie besonders an der Tourismusbranche und speziell bei Ihrem Arbeitgeber?

Wer gern fremde Länder und Kulturen erlebt und gern reist, kann in der Touristik sein Hobby zum Beruf machen. Allerdings braucht man schon etwas mehr als nur das Know-how. Im Marketing ist ganz wichtig, dass man immer am Puls der Zeit bleibt, d.h. nichts ist heute so wie es gestern war. Der Kunde und seine Bedürfnisse verändern sich, der Markt verändert sich. Es ändern sich Farben, Formen und v.a. Vertriebskanäle. Heute braucht man bspw. Know-how im Bereich SEO und SEM, muss Reisetitel anders formulieren, da der Fokus inzwischen auf dem Web liegt. Der Kunde muss die Reise bei Google finden können, der Katalog ist noch wichtig, gerät aber in seiner Bedeutung deutlich hinter den immer wichtigeren Web-Auftritt.

Wer sich gern wie ein Chamäleon auf immer neue Herausforderungen einstellen will und kann, der hat gute Chancen, in der Touristik erfolgreich zu sein. Dazu braucht es auch ein Unternehmen, das für die nötige Kreativität, ständige Weiterbildung und Teamorientierung den richtigen Rahmen setzt. Wikinger Reisen ist eine solche Firma, ein mittelständiges, inhabergeführtes Unternehmen. Bei uns gibt es schnelle Entscheidungen und flache Hierarchien. Das Arbeitsklima ist von großer Kollegialität und auch Harmonie gekennzeichnet. Qualität und Kundenorientierung sind die Richtschnur unseres Handelns. Mir ist immer wichtig, die „Schwarmintelligenz" der Mitarbeiter zu sehen und zu fördern und diese in gute Entscheidungen zu lenken. Dafür braucht man soziale Kompetenz, neben der Fachkompetenz ein ganz wichtiges Kriterium, um erfolgreich zu sein (und zu bleiben).

Können Sie etwas zum Gehaltsgefüge innerhalb der Tourismusbranche sagen?
Nein.

Wie sieht ein typischer Arbeitstag bei Ihnen aus – gibt es diesen überhaupt bei Ihnen?
Postbesprechung; kurzes Meeting mit der Marketingabteilung, Abstimmung Pressetexte, „Hausrundgang", um mit unseren über 100 Mitarbeitern im ständigen Kontakt zu bleiben; Personalgespräche; Meetings mit Agenturen, Projektgespräche etc.

Wie hoch ist Ihr Arbeitspensum (in Wochenstunden) in etwa?
45 bis 50 Stunden plus Weiterbildung von zu Hause (Fachzeitschriften, Online-Recherche).

Haben sich Ihre beruflichen Erwartungen bisher insgesamt erfüllt?
Ja.

Was ist Ihnen bei Ihren Mitarbeiterinnen und Mitarbeitern wichtig? Worauf kommt es fachlich, sozial und menschlich/ persönlich dabei an?

Es kommt auf die richtige Mischung aus Fachkompetenz, sozialer Kompetenz und Teamgeist an. Wer nicht teamfähig und kommunikativ ist, kann seine Fachkompetenz nicht ausspielen!

Ausbildung oder Studium oder beides nacheinander? Dual oder privat studieren? Was ist der bessere Weg heutzutage? Gibt es „den" Königsweg?

Man braucht beides – ein alleiniges Studium ohne praktische Kenntnisse nützt auch nichts.

Für alle, die Tourismus studieren wollen – reicht der Bachelor-Abschluss heutzutage aus Ihrer Sicht aus oder muss es zwingend der Master-Abschluss sein? Wie erfahren ist die Tourismusbranche mit den neuen Studienabschlüssen?

Es muss nicht zwingend der Master sein. Der Bachelor, kombiniert mit einer Ausbildung, ist vielleicht sogar noch besser. Oder umgekehrt erst die Ausbildung und dann – auch berufsbegleitend – ein Studium. Es hängt aber immer von der eigenen Persönlichkeit ab und vom beruflichen Erfahrungshintergrund.

Was meinen Sie, wie kommen Studierende und Hochschulabsolventen nach dem

Studium am besten in den gewünschten Job? Über Praktika, Projektarbeiten, Bachelor-/ Master-Thesis, Traineeprogramm, Direkteinstieg, Auslandsaufenthalte, Fremdsprachen, Netzwerke…?

Ich empfehle eine Mischung aus Auslandsaufenthalt und Traineeprogramm. Fremdsprachen sind sowieso unerlässlich.

Welche Einstiegsmöglichkeiten bietet das Unternehmen, in dem Sie beschäftigt sind, jungen Menschen, um dort beruflich Fuß zu fassen? (z.B. Praktika, Projektarbeiten, Bachelor-/Master-Thesis, Traineeprogramm, Direkteinstieg)?

In der Vergangenheit hat Wikinger Reisen sowohl Trainees eingestellt als auch Praktikanten kurz vor Studienabschluss. Viele wurden anschließend übernommen und sind auch heute noch bei uns. Leider hat nun die Politik durch den Mindestlohn dem ein zumindest vorläufiges Ende gesetzt, denn ein studentischer Praktikant muss mehr als drei Monate in einem Unternehmen arbeiten, damit es sich für beide Seiten auch lohnt.

Was schätzen Sie an Ihren jungen Bewerbern, was vermissen Sie, bzw. wo sehen Sie grundlegend noch Verbesserungsbedarf im Ausbildungssystem?

Die Frage nach dem Ausbildungssystem kann ich nicht beantworten – mein Studium liegt dafür schon zu lange zurück und über die aktuellen Studiengänge bin ich nicht ausreichend informiert.

An den Bewerbern schätzen wir, wenn die eingereichten Unterlagen wirklich aussagekräftig sind, kein allgemeines Bla-Bla, sondern konkrete, glaubwürdige Statements enthalten. Wichtig sind die berufsbezogenen Praktika und Zeugnisse. Wenn wir z.B. einen Touristiker für Asien mit entsprechenden Länderkenntnissen suchen, habe ich kein Verständnis für Bewerber, die noch nie in Asien waren. Manchen Bewerbungsschreiben sieht man den „Rundumschlag" an. Als Marktführer für Wanderreisen schätzen wir Bewerber, die auch Bezug auf unsere eigene Art des Reisens nehmen.

Demografischer Wandel, Fachkräftemangel, War for Talents, Employer Branding sind Stichwörter, die gegenwärtig diskutiert werden. Wie stehen Sie dazu? Was sind aus Ihrer Sicht die großen Personalthemen der Zukunft? Worauf kommt es in Zukunft Ihrer Meinung nach an?

Bislang haben wir bei Wikinger Reisen kein Problem gehabt, neue Mitarbeiter zu finden. Wir konnten aufgrund unseres guten wirtschaftlichen Erfolgs in den vergangenen Jahren eine hohe Anzahl von Auszubildenden und Praktikanten übernehmen.

Bei der Suche nach neuen Mitarbeitern haben wir die Erfahrung gemacht, dass Fachkompetenz nicht das einzige Kriterium ist. Ganz wichtig ist die Teamfähigkeit. Bei Wikinger Reisen entscheidet letztlich nicht die Geschäftsführerin über neue Mitarbeiter, sondern die jeweilige Abteilung, resp. der jeweilige Teamleiter. Neue Mitarbeiter müssen im Team „bestehen".

HERZLICHEN DANK!!

Name: Branko Staudinger
Position: HR Business Partner
Unternehmen: TravelTainment GmbH, Würselen

Beschreiben Sie bitte kurz Ihren berufli-
chen Werdegang mit den wichtigsten Sta-
tionen (Ausbildung, Studium, bisherige
berufliche Tätigkeiten)!
Im Jahr 2008 habe ich meine Ausbildung zum
Bürokaufmann in einem Unternehmen der
Anlagenbau-Branche absolviert und nach
einer knapp 1,5-jährigen „Zwischenstation" in
der dortigen Materialdisposition bekam ich die
Möglichkeit als HR Assistant in den Personalbereich eines IT-Dienstleisters zu wechseln.
Zunächst war ich für die klassische Administration und meine ersten Recruiting-
„Gehversuche" zuständig – da ich vorher
noch keinen Kontakt zum Personalbereich
hatte, musste ich alles von der Pike auf neu
lernen. Nach ca. acht Monaten übernahm ich
die Position des (Junior) Personalreferenten,
wobei meine Schwerpunkte auf der kaufmän-
nischen Ausbildung, der Gehaltsabrechnung
und den HR IT-Systemen lag. Um mein Wissen zu festigen, habe ich parallel dazu zum
einen die Weiterbildung zum Personalfach-
kaufmann und zum anderen die Weiterbildung zum geprüften Lohn- und Gehaltsbuch-
halter absolviert. Nicht zuletzt dadurch, dass
meine Chefin mir die Möglichkeit gegeben

hat, viel zu lernen und über diverse Tellerränder zu schauen, bin ich nun seit knapp drei Jahren als HR Business Partner tätig. Und da lebenslanges Lernen heutzutage wichtiger ist denn je, studierte ich aktuell nebenberuflich, um meinen Bachelor in Business Administration zu erlangen – mit Schwerpunkt Personal versteht sich.

Was machen Sie z.Zt. genau – beschreiben Sie bitte Ihre aktuelle berufliche Tätigkeit und Ihr Aufgabengebiet!

Sehr kurz erklärt: Ich unterstütze einen definierten Personenkreis (also Mitarbeiter/innen und Führungskräfte) bei allen personalrelevanten Thematiken und arbeite, wie meine Kollegen auch, an übergreifenden Projekten und Herausforderungen. Dabei sprechen wir von einem weiten Aufgabengebiet: Personalbeschaffung, Personalbetreuung/ -administration, Personalmarketing, Implementierung und Erweiterung von HR IT-Systemen, die Lohn- und Gehaltsabrechnung. Ich habe Schnittstellen zu unserer internen Personalentwicklung und dem Personalcontrolling und ich berate und unterstütze bei Fragen oder Problemen. Vielleicht bin ich auch ein bisschen Psychologe - denn ein offenes Ohr, ehrliche Empathie und entsprechendes Interesse helfen ungemein in meinem Job.

Was reizt Sie besonders an der Tourismusbranche und speziell bei Ihrem Arbeitgeber?

Was ich an meinem Arbeitgeber ganz besonders spannend fand und finde, ist die Kombination aus IT und Touristik – denn wir sprechen hier von, wie ich finde, zwei starken Zukunftsbranchen: Urlaubszeit ist meistens doch die schönste Zeit des Jahres und die IT verbindet die Welt und die Menschen, schafft Möglichkeiten und Innovationen. In diesem Umfeld Personalarbeit zu leisten und am großen Ganzen mitzuwirken, ist mehr als reizvoll!

Können Sie etwas zum Gehaltsgefüge innerhalb der Tourismusbranche sagen?

Speziell zur Tourismusbranche kann ich leider eher weniger sagen, weil wir uns im eigentlichen Sinne in der IT-Dienstleistung bewegen. Aber ich würde gerne einen Rat weitergeben: Gehaltsgefüge sind nicht immer das, was sie scheinen. Was ich damit meine? Ich habe sehr oft gehört, dass Freunde, Bekannte und Kollegen sich im Internet informieren, wie das „perfekte" Gehaltsband aussieht oder der Frage nachgegangen sind, „was ich eigentlich verdienen müsste". Das ist ein schwieriges und v.a. sehr von Missverständnissen geprägtes Feld, denn die Gehaltsermittlung ist weitaus komplexer als es manch eine „Gehaltsstudie" aus dem Internet aufzeigt. Betrachtet werden müssen Faktoren wie Berufserfahrung, Abschlüsse, Unternehmensgröße, Unternehmensstandort, Komplexität der Aufgabe – nur um ein paar zu nennen.

Wie sieht ein typischer Arbeitstag bei Ihnen aus – gibt es diesen überhaupt bei Ihnen?

Den gibt es Gott sei Dank nicht – das ist das Schöne an der Personalarbeit. Mein Arbeitstagbeginn ist durchaus typisch: Rechner an, Emails checken und selbstverständlich darf die morgendliche Tasse Kaffee nicht fehlen! Aber danach ist mehr oder weniger alles offen: Es warten Bewerbungsgespräche, Meetings, Projektarbeiten, Brainstormings, Mitarbeitergespräche und vieles mehr. Ich arbeite tagtäglich mit Menschen und deren verschiedenen Facetten in einer dynamischen Branche an verschiedensten Aufgaben – typisch ist hier nur die Abwechslung.

Wie hoch ist Ihr Arbeitspensum (in Wochenstunden) in etwa?

So wie bei jedem Arbeitnehmer kommt es auch vor, dass ich dann und wann diverse Aufgaben schnell zum Abschluss bringen oder dringende und/oder wichtige Aufgaben erledigen muss und deshalb den einen oder anderen Abend länger im Büro bleibe. Alles in allem liege ich im Durchschnitt aber in etwa bei 40 Std./Woche.

Haben sich Ihre beruflichen Erwartungen bisher insgesamt erfüllt?

Die Erwartungen, die ich bis hierhin hatte, wurden sogar übertroffen, was ich definitiv meinem Arbeitgeber zuschreiben kann – denn Chancen können nur genutzt und neue Erfahrungen nur gemacht werden, wenn man die Möglichkeit dazu bekommt.

Was ist Ihnen bei Ihren Mitarbeiterinnen und Mitarbeitern wichtig? Worauf kommt es fachlich, sozial und menschlich/ persönlich dabei an?

Das pauschal zu beantworten, finde ich persönlich schwierig. Fachlich ist das von Position zu Position unterschiedlich und im absoluten Optimum sollten die Anforderungen aus der Ausschreibung entsprechend erfüllt sein. (Wobei wir alle die berühmte eierlegende Wollmilchsau kennen – ein 100%-Treffer ist in vielen Fällen sehr schwer zu finden bzw. zu erreichen; aber das sollte niemanden von einer Bewerbung abhalten, der sich zum größten Teil in der Ausschreibung wiederfindet.) Sozial und menschlich gibt es für mich persönlich zwei Dinge: Zum einen das „sich-im-Unternehmen-wiederfinden", also schlichtweg das gute Gefühl, in das Unternehmen zu passen – bspw. wird jemand, der ein „Behörden-Umfeld" braucht, auf kurz oder lang in einem chaotischen Start-Up-Unternehmen nicht glücklich werden; damit ist beiden Seiten nicht geholfen. Und zum anderen – naja, wir verbringen viel Zeit auf der Arbeit; warum also nicht mit Spaß und Motivation? Meiner

Meinung nach sind das zwei Faktoren, die einen auch persönlich weit(er) bringen.

Ausbildung oder Studium oder beides nacheinander? Dual oder privat studieren? Was ist der bessere Weg heutzutage? Gibt es „den" Königsweg?

Einen Königsweg sehe ich da nicht – jeder muss nach seinem persönlichen Gusto entscheiden, ob er parallel zur Ausbildung oder danach oder gar nicht studieren will. Das ist schlicht und ergreifend eine Typsache. Aber – und davon bin ich als Nebenbei-Studierender absolut überzeugt – man sollte niemals aufhören zu lernen, denn nicht zu lernen heißt Stillstand. Und Stillstand ist selten gut. In unserer heutigen, komplexen Welt schadet es definitiv nicht, über den Tellerrand zu blicken und zu verstehen, wie Dinge funktionieren und sich so kontinuierlich auf das „nächste Level" zu bringen.

Für alle, die Tourismus studieren wollen – reicht der Bachelor-Abschluss heutzutage aus Ihrer Sicht aus oder muss es zwingend der Master-Abschluss sein? Wie erfahren ist die Tourismusbranche mit den neuen Studienabschlüssen?

Das ist von Position zu Position unterschiedlich und natürlich spielen auch die Präferenzen der jeweiligen Unternehmen eine große Rolle. Es gibt mit Sicherheit diejenigen, die gerne viel Praxisbezug haben wollen und den

Bachelor (oder vielleicht auch keinen Hochschulabschluss?) absolut ausreichend finden und es gibt diejenigen, die das theoretische Wissen und/oder entsprechend den Master an erste Stelle setzen und den jeweiligen Absolventen die Praxis im Unternehmen näher bringen wollen. Und man darf auch nicht vergessen: Abschlüsse sind nicht alles. Ich glaube, im Generellen ist die Erfahrung mit den neuen Abschlüssen schon da, aber durch neue Studiengänge sollte jedes Unternehmen durchaus wachsam sein, um nichts Spannendes zu verpassen.

Was meinen Sie, wie kommen Studierende und Hochschulabsolventen nach dem Studium am besten in den gewünschten Job? Über Praktika, Projektarbeiten, Bachelor-/ Master-Thesis, Traineeprogramm, Direkteinstieg, Auslandsaufenthalte, Fremdsprachen, Netzwerke…?
Das sind alles sehr gute Wege – ich kann zu jedem der oben genannten Punkte Beispiele aus meinem Umfeld nennen, die so in den gewünschten Job gekommen sind. Flexibilität ist meiner Meinung nach ein Schlüsselwort: Eine Bekannte von mir war für Praktika in ganz Deutschland unterwegs, dazwischen auch im europäischen Ausland. So verschaffte sie sich die Erfahrung und viele Arbeitgeber lernten sie kennen.

Welche Einstiegsmöglichkeiten bietet das Unternehmen, in dem Sie beschäftigt sind, jungen Menschen, um dort beruflich Fuß zu fassen? (z.B. Praktika, Projektarbeiten, Bachelor-/Master-Thesis, Traineeprogramm, Direkteinstieg)?

Nahezu alle in der Frage genannten – was uns aber auch wichtig ist, denn in den jungen Menschen liegt die Zukunft (eines jeden Unternehmens). Das ist einer der Gründe, warum wir uns sehr stark für die berufliche Erstausbildung einsetzen.

Was schätzen Sie an Ihren jungen Bewerbern, was vermissen Sie, bzw. wo sehen Sie grundlegend noch Verbesserungsbedarf im Ausbildungssystem?

Wissensdurst, Motivation, Engagement und Leidenschaft sind bei unseren jungen Bewerbern wahnsinnig stark ausgeprägt; die haben einfach Lust drauf und wollen was bewegen! Und genau darum sollte es doch gehen!

Allerdings fehlt es stellenweise an Kompetenzen, wie Benimmregeln oder Selbstreflektion – beides durchaus wichtige Faktoren im beruflichen Kontext. Und hin und wieder geht es darum zu verstehen, dass nicht alles selbstverständlich ist – Leistung für Leistung, das sollte im gegenseitigen Interesse sein.

Was das Ausbildungssystem angeht: Mir persönlich fehlt es schlichtweg an Information. Schüler sollten bereits in der Schule mit Berufen in Berührung kommen (und ich meine damit nicht zwei Praktika gegen Schulzeitende). Ich denke an Seminare, vielleicht sogar reine Unterrichtsfächer zum Thema Bewerbung, Berufswahl und Geschäftsleben, Austauschprogramme zwischen Schulen und Unternehmen, die über reine Praktika hinausgehen. Denn eins steht fest: Die jungen Talente wissen viel zu selten, was da auf sie zukommt, welche Entscheidungen sie treffen können, was zu ihnen passt und was erwartet wird. Daran muss zwingend was geändert werden.

Demografischer Wandel, Fachkräftemangel, War for Talents, Employer Branding sind Stichwörter, die gegenwärtig diskutiert werden. Wie stehen Sie dazu? Was sind aus Ihrer Sicht die großen Personalthemen der Zukunft? Worauf kommt es in Zukunft Ihrer Meinung nach an?
Big Data ist mit Sicherheit ein großes Zukunftsthema, bei dem ich sehr gespannt bin, wie es weitergeht. Und für mich persönlich: Die Candidate Experience – also das Zusammenspiel zwischen Unternehmen und Bewerbern. Denn da, wo über den „Fachkräftemangel" gesprochen und geschimpft wird, fehlt es oft nur an Änderungen in den eigenen Reihen. Bewerbungsprozesse sind am Ende des Tages doch wie Dates – wenn beide Seiten nett zueinander sind und mit Empathie und auf Augenhöhe aufeinander zugehen, kann es was Längerfristiges werden.

Zu guter Letzt – möchten Sie den zukünftigen Berufsanfängern noch etwas mit auf den Weg geben?

Sehr gerne!

- Stellt Service und Qualität an die erste Stelle (denn Ihr wollt Euch und Eurer Unternehmen voranbringen)
- Empathie sollte Euch bei der täglichen Arbeit begleiten (ein Perspektivenwechsel bringt oft neue, wertvolle Erkenntnisse)
- Seid und v.a. bleibt offen und wissbegierig (den mit dem Blick über den Tellerrand und auch vielen neuen Einblicken findet Ihr schneller das, was Euch wirklich glücklich macht – und werdet besser in Eurer Arbeit)
- Traut Euch, kreativ zu sein (denn aus den verrücktesten Gedanken sind schon die tollsten Ideen und Innovationen entstanden)

HERZLICHEN DANK!!

Name: Christoph Edlinger
Position: Geschäftsführer
Unternehmen: Reisen und Freizeit mit jungen Leuten e.V., Bielefeld

Beschreiben Sie bitte kurz Ihren beruflichen Werdegang mit den wichtigsten Stationen (Ausbildung, Studium, bisherige berufliche Tätigkeiten)!

Neben meinem Studium Diplompädagogik an der Uni Bielefeld war ich in den Semesterferien bei ruf reisen als Reiseleiter tätig. Später als Chefreiseleiter und Ausbilder. 2003 war dann der Einstieg als Festangestellter in der ruf-Zentrale im Bereich Touristik/ Produktmanagement. Nach zwei Jahren folgte der Wechsel in den Bereich Personal. 2008 übernahm ich die Position des Bereichsleiters für den gesamten Personalbereich somit auch der ruf-Akademie. Parallel absolvierte ich ein berufsbegleitendes Aufbaustudium zum Tourismus-Betriebswirt und diverse Fortbildungen. Seit Ende 2013 Geschäftsführer des zur Unternehmensgruppe gehörenden Vereins „Reisen und Freizeit mit jungen Leuten e.V."

Was machen Sie z.Zt. genau – beschreiben Sie bitte Ihre aktuelle berufliche Tätigkeit und Ihr Aufgabengebiet!

Die Hauptaufgabe ist die Führung eines ca. 15-köpfigen Personalteams, das für ca. 2.000 Saisonkräfte verantwortlich ist. Wir bearbeiten jährlich rund 8.000 Bewerber und qualifizieren rund 1.000 neue ehren- und hauptamtliche Mitarbeiter auf unterschiedlichen Seminaren. Ich leite dabei die Bereiche Personalverwaltung, Personalrecruiting, Personalmarketing und die Personalentwicklung. Die Akademie ist darüber hinaus für die pädagogischen Konzepte der Seminare als auch der durchgeführten Reisen zuständig.

Was reizt Sie besonders an der Tourismusbranche und speziell bei Ihrem Arbeitgeber?

Urlaub ist Spaß, Erholung, Abenteuer und hoffentlich eine tolle Erfahrung. Einen sicheren und schönen Rahmen hierfür zu gestalten, ist eine abwechslungsreiche Aufgabe. Unsere Motivation ist nicht nur, dass Jugendliche den tollsten Urlaub ihres Lebens erleben können, sondern, dass sie darüber hinaus auf unseren Reisen vielfältige Erlebnisse erfahren, die sie dann hoffentlich für ihre weitere Entwicklung positiv prägen.

Können Sie etwas zum Gehaltsgefüge innerhalb der Tourismusbranche sagen?

Insgesamt ist die Tourismusbranche eher eine mit schwachem Gehaltsgefüge. Langsam, aber sicher lernen aber die Unternehmen, dass gute Fachkräfte auch dementsprechend bezahlt werden müssen, nicht zuletzt, um sie längerfristig an sich binden zu können. Nicht umsonst ist der Wechsel von Arbeitnehmern im

Tourismus in branchenfremde Arbeitsfelder derzeit noch so hoch.

Wie sieht ein typischer Arbeitstag bei Ihnen aus – gibt es diesen überhaupt bei Ihnen?

Einen typischen Arbeitstag gibt es nicht wirklich. Wer mit Menschen arbeitet, stößt ständig auf neue Themen und Herausforderungen; das bringen auf der einen Seite bspw. neue Gesetze oder sonstige Rahmenbedingungen, auf der anderen Seite neue Konzepte mit sich.

Wie hoch ist Ihr Arbeitspensum (in Wochenstunden) in etwa?

Da ich in Phasen der Mitarbeiterqualifizierung auch an Wochenenden arbeite und teilweise auf mehrtägigen Dienstreisen bin, würde ich im Durchschnitt sagen: Ca. 55 Stunden pro Woche.

Haben sich Ihre beruflichen Erwartungen bisher insgesamt erfüllt?

Es haben sich meine beruflichen Erwartungen, was diesen Tätigkeitsbereich angeht, bisher erfüllt. Aufgrund meiner vielfältigen Interessen kann ich in meinem Bereich immer wieder neue Schwerpunkte setzen.

Was ist Ihnen bei Ihren Mitarbeiterinnen und Mitarbeitern wichtig? Worauf kommt es fachlich, sozial und menschlich/ persönlich dabei an?

Bei uns gibt es Phasen im Jahr, die etwas ruhiger sind und Phasen, in denen jeder Mitarbeiter 150% geben muss. Letzteres lässt sich am besten mit einem gut funktionierenden Team umsetzen. Daher sind uns neben aufgabenabhängiger Fachkompetenz (die je nach Position erst im Unternehmen gelernt werden) v.a. Teamgeist und Flexibilität wichtig.

Jugendreisen muss man erleben: Fast die Hälfte der Mitarbeiter unserer Bürocrew war, bevor sie ihre Karriere in der ruf-Zentrale startete, meist während ihres Studiums für uns in einem Zielgebiet als z.B. Reiseleiter unterwegs. Wenn man erlebt hat, wie zufrieden unsere jugendlichen Gäste sind und was sie für sich aus dem Urlaub für ihr Leben mitnehmen können, fällt es einem deutlich leichter, die Philosophie des Unternehmens zu verstehen und schließlich zu leben.

Ausbildung oder Studium oder beides nacheinander? Dual oder privat studieren? Was ist der bessere Weg heutzutage? Gibt es „den" Königsweg?

Junge Menschen sollen sich sehr früh entscheiden, in welche Richtung sie ihren beruflichen Weg einschlagen wollen. Während dieses Entscheidungsprozesses werden sie häufig alleine gelassen oder bekommen Ratschläge, die sich nur wenig an ihren Interessen und Talenten orientieren. Jeder Lerntyp ist unterschiedlich. Daher gibt es hier auch keine Empfehlung für „den" Königsweg.

Wer studieren will, sollte sich um zusätzliche Praxiserfahrung bemühen. Viele Tourismusstudiengänge berücksichtigen dies eh in Form eines verpflichtenden Praktikums. Darüber hinaus kann nach einem Bachelor der Einstieg ins Berufsleben mit einem berufsbegleitenden Master-Studiengang (mit Abschlussarbeit im Unternehmen) eine passende Variante sein.

Für alle, die Tourismus studieren wollen – reicht der Bachelor-Abschluss heutzutage aus Ihrer Sicht aus oder muss es zwingend der Master-Abschluss sein? Wie erfahren ist die Tourismusbranche mit den neuen Studienabschlüssen?
Auch hier kommt es auf das jeweilige Fachgebiet an. Theorie ist wichtig, kann aber für so manchen Tätigkeitsbereich nur wenig angewandt werden und verblasst als „träges Wissen". Genau daher kann es Sinn machen, nach einem Bachelor bereits ins Berufsleben zu starten und nach 12 bis 24 Monaten zu entscheiden, ob und mit welchem Schwerpunkt ein Master notwendig ist. Studienabschlüsse dienen Personalern zur Orientierung. Die kleinen Unterschiede, die in den unterschiedlichen Tourismus-Studiengängen vorkommen, sind häufig nicht bekannt und meist auch nicht relevant.

Was meinen Sie, wie kommen Studierende und Hochschulabsolventen nach dem Studium am besten in den gewünschten

Job? Über Praktika, Projektarbeiten, Bachelor-/ Master-Thesis, Traineeprogramm, Direkteinstieg, Auslandsaufenthalte, Fremdsprachen, Netzwerke...?

Je nach Wunschjob sind Fremdsprachenkenntnisse sicher von Vorteil. Über eine Abschlussarbeit ein zweites Mal in ein Unternehmen gehen zu können, ist sicher ebenfalls ein guter Weg. Um das erste Mal die praktische Arbeit eines Unternehmens kennenzulernen, ist noch immer ein Praktikum eine gute Variante. Plätze für ein Praktikum (zumindest ein freiwilliges) werden in Zukunft vermutlich immer schwieriger zu finden sein. Einerseits wollen Unternehmen nur noch Praktikanten beschäftigen, die mindestens vier bis sechs Monate im Unternehmen sind, andererseits möchten viele für Praktikanten nicht den Mindestlohn in Höhe von derzeit 8,50 € zahlen. Unternehmen werden daher bevorzugt Studierende für ein Praktikum einsetzen, wenn es sich um ein Pflichtpraktikum im Rahmen der Studienordnung handelt. Studierende haben kaum Zeit, ein Praktikum ein halbes Jahr oder länger zu absolvieren. Haben sie (wie o.g.) doch die Möglichkeit, sollten sie mit dem Unternehmen klar und deutlich die Inhalte und Lernziele abstimmen. Studierende sollten frühzeitig nach Unternehmen Ausschau halten, in denen sie auch außerhalb von Pflichtpraktika Erfahrungen sammeln können (z.B. als Jugendreiseleiter).

Welche Einstiegsmöglichkeiten bietet das Unternehmen, in dem Sie beschäftigt sind, jungen Menschen, um dort beruflich Fuß zu fassen? (z.B. Praktika, Projektarbeiten, Bachelor-/Master-Thesis, Traineeprogramm, Direkteinstieg)?

Wir bieten viele Praktika-Möglichkeiten im europäischen Ausland sowie in Deutschland an. Diejenigen, die während ihres Studiums bei uns tätig sind, werden - soweit der Wunsch besteht - bei ihren Projektarbeiten, Bachelor-/ Master-Thesis etc. unterstützt. Jährlich beginnen bei uns mehrere junge Menschen eine Ausbildung (derzeit zehn Azubis im Unternehmen) oder ein Traineeprogramm. Wen wir mehrere Monate im Sommer z.B. als Reiseleiter kennenlernen durften und wer darüber hinaus mit einem guten Abschluss überzeugt, bekommt gerne die Chance in der Zentrale, die Karriere weiter fortzusetzen.

Was schätzen Sie an Ihren jungen Bewerbern, was vermissen Sie, bzw. wo sehen Sie grundlegend noch Verbesserungsbedarf im Ausbildungssystem?

An unseren jungen Bewerbern schätze ich den Enthusiasmus, der sowohl bei alltäglichen Dingen als auch bei besonderen Projekten gleichermaßen hoch an den Tag gelegt wird.

Bereits in Bachelor-Studiengängen sollte neben einem Pflichtpraktikum (das nach ca. zwei Jahren Studium vier bis sechs Monate gehen sollte), mindestens ein weiteres (das bereits nach einem Jahr Studium vier bis sechs Wochen gehen sollte) festgelegt werden, damit junge Studierende leichter die Möglichkeit haben, Unternehmen kennenzulernen und um auf der Basis gewonnener Praxiserfahrungen sicherer Karriereentscheidungen treffen zu können.

Demografischer Wandel, Fachkräftemangel, War for Talents, Employer Branding sind Stichwörter, die gegenwärtig diskutiert werden. Wie stehen Sie dazu? Was sind aus Ihrer Sicht die großen Personalthemen der Zukunft? Worauf kommt es in Zukunft Ihrer Meinung nach an?

Ich denke, die Themen „Generationen-Teamwork", „Work-Life-Balance", und „gerecht empfundene Honorierung von Leistung" sind die Personalthemen der Branche für die nächsten Jahre. Werden diese drei Themen intensiv angefasst, kommt man bei der Suche nach Lösungen bei den derzeit so viel diskutierten Problemen einen deutlichen Schritt weiter.

Zu guter Letzt – möchten Sie den zukünftigen Berufsanfängern noch etwas mit auf den Weg geben?

Werde Dir Deiner Werte, Talente und Leidenschaften bewusst. Suche einen Job, in dem Du zumindest Teile hiervon wiederfinden, anwenden, resp. ausleben kannst. Ist diese Hürde genommen, kannst Du aufhören, Erwartungen zu erfüllen und anfangen, Maßstäbe zu setzen. Dann klappt´s mit der Karriere! Viel Erfolg!

HERZLICHEN DANK!!

Name: Simone Kohl
Position: Leiterin Personalwirtschaft
Unternehmen: aovo Touristik AG, Hannover

Beschreiben Sie bitte kurz Ihren berufli-chen Werdegang mit den wichtigsten Sta-tionen (Ausbildung, Studium, bisherige berufliche Tätigkeiten)!

Hotelfachfrau; Hotelbetriebswirtin; Wechsel über das Projekt EXPO2000 Hannover in den Bereich „Tourismus und Ticketing"; Weiter-entwicklung in den HR-Bereich zur Personal-betriebwirtin; Trainerausbildung (DVNLP) sowie diverse Ausbildungen im Bereich Kommunikation, u.a. Reiss Profile Master.

Was machen Sie z.Zt. genau – beschrei-ben Sie bitte Ihre aktuelle berufliche Tä-tigkeit und Ihr Aufgabengebiet!

Leiterin Personalwirtschaft bei einem mittel-ständischen Reiseveranstalter (aovo Touristik AG), 65 Kollegen.

Ich bin Allrounder und decke alle Funktions-felder der Personalwirtschaft - mit unter-schiedlichen Schwerpunkten (je nach aktuel-lem Bedarf) ab. Ausbildung ist jedoch ein Schwerpunkt.

Was reizt Sie besonders an der Touris-musbranche und speziell bei Ihrem Ar-beitgeber?

Die faszinierende Dienstleistungsgesellschaft - stets im Wandel, immer dabei, sich weiterzuentwickeln und neue Wege zu gehen - genauso wie im Bereich der Arbeit.

Arbeitsmodelle wandeln sich aufgrund der sich mit ihr ändernden Gesellschaft, daher werden immer neue Anforderungen an Mitarbeiter, Arbeitgeber und die Arbeitsformen gestellt; spannend dies mitzugestalten!

Können Sie etwas zum Gehaltsgefüge innerhalb der Tourismusbranche sagen?

Das Gehaltsgefüge ist sehr heterogen - dabei finden sich große Unterschiede je nach Unternehmensgröße. Insgesamt sind die Gehälter im Vergleich zur Industrie eher geringer.

Wie sieht ein typischer Arbeitstag bei Ihnen aus – gibt es diesen überhaupt bei Ihnen?

Eher nicht. Sicherlich ist ein Teil immer Administration, doch vieles ergibt sich aus dem aktuellen Tagesgeschehen: Kollegen haben Gesprächsbedarf, terminierte Bewerbergespräche, Beantworten von Emails, konzeptionelle Arbeiten, Anpassungen von Einsatzplanungen, Statistiken, Weiterbildungen nachhalten und koordinieren etc.

Wie hoch ist Ihr Arbeitspensum (in Wochenstunden) in etwa?

Unterschiedlich. 40 Stunden sind eher selten, 50 passt – dies ist jedoch stark abhängig von aktuellen Projekten innerhalb des Unternehmens.

Haben sich Ihre beruflichen Erwartungen bisher insgesamt erfüllt?

Ja, sehr! Ich darf weit mehr gestalten als verwalten. Das ist für mich immens wichtig! Solange dieser Aspekt überwiegt, ist alles gut! Und bei uns zählt: „Stillstand ist Rückschritt", daher gibt es kein „…das haben wir schon immer so gemacht." Alles wird gern immer wieder in Frage gestellt und neu überdacht.

Eine Position/ Titel ist für mich zweitrangig, solange ich aktiv mitgestalten und mein Know-how einbringen darf.

Was ist Ihnen bei Ihren Mitarbeiterinnen und Mitarbeitern wichtig? Worauf kommt es fachlich, sozial und menschlich/ persönlich dabei an?

Der Mensch muss in das Unternehmen und zur Unternehmenskultur passen. Das fachliche Know-how kann man im Zweifel nachschulen. Doch das Verständnis für die im Unternehmen gelebten Werte ist entscheidend. Dabei sollten die Teams durchaus heterogen sein. Die Kollegen sollen sich gegenseitig durch unterschiedliche Sichtweisen, Arbeitsmethoden bereichern, ergänzen und dabei auch durch Unterschiedlichkeit zu neuen Ergebnissen gelangen. Die Motivation ist ein weiterer wichtiger Faktor. Diese zu kennen, um das dann bei der Mitarbeiterbindung zu berücksichtigen, ist eine spannende Herausforderung.

Ausbildung oder Studium oder beides nacheinander? Dual oder privat studieren? Was ist der bessere Weg heutzutage? Gibt es „den" Königsweg?

Schwierig zu sagen, dafür gibt es meines Erachtens kein Rezept. Das hängt vom persönlichen Lernstil ab, in welchem Umfeld man später arbeiten möchte (Konzern, Kleinunternehmen) und welche Karriere angestrebt wird. Für die klassische Karriere macht der Master Sinn – für den Praktiker unter uns, der lieber an der Basis oder im mittleren Management arbeitet, sind eine Ausbildung und dann ggf. ein späteres Studium durchaus sinnvoll. Das Interessante ist, dass durch persönliches „netzwerken" in der Touristik viele Wege offen und gehbar sind!

Für alle, die Tourismus studieren wollen – reicht der Bachelor-Abschluss heutzutage aus Ihrer Sicht aus oder muss es zwingend der Master-Abschluss sein? Wie erfahren ist die Tourismusbranche mit den neuen Studienabschlüssen?

Meiner Meinung nach ist die Branche noch unerfahren. Sollte man, wie gesagt, konzernaffin sein, ist ein Master sinnvoll. Bei dem Bachelor wird in den ersten vier Semester meist „nur" allgemeine BWL vermittelt und erst die letzten zwei Semester befassen sich mit dem

Tourismus. Dann ggf. noch vier Monate als Praxissemester; das reicht niemals für einen umfassenden Einblick in die Tourismusbranche.

Was meinen Sie, wie kommen Studierende und Hochschulabsolventen nach dem Studium am besten in den gewünschten Job? Über Praktika, Projektarbeiten, Bachelor-/ Master-Thesis, Traineeprogramm, Direkteinstieg, Auslandsaufenthalte, Fremdsprachen, Netzwerke…?
Traineeprogramme halte ich für sehr sinnvoll. Auslandserfahrungen sind meines Erachtens ebenfalls erforderlich und eine gute Basis.
Netzwerke bilden sich meist erst viel später. Eine Bachelor-/ Master-Thesis ist ebenfalls ein Türöffner, wenn diese eine für das Unternehmen sinnvolle Fragestellung bearbeitet.

Welche Einstiegsmöglichkeiten bietet das Unternehmen, in dem Sie beschäftigt sind, jungen Menschen, um dort beruflich Fuß zu fassen? (z.B. Praktika, Projektarbeiten, Bachelor-/Master-Thesis, Traineeprogramm, Direkteinstieg)?
Bei uns sind Pflichtpraktikanten gern gesehen; zudem bieten wir auch 12-monatige Traineeprogramme an.

Was schätzen Sie an Ihren jungen Bewerbern, was vermissen Sie, bzw. wo sehen

Sie grundlegend noch Verbesserungsbedarf im Ausbildungssystem?

Ich schätze den unverbauten Blick und auch die gesunde Portion Unbekümmertheit. Ich vermisse zum Teil wahre Begeisterung und eigenes Interesse. Die Bereitschaft, in Vorleistung zu gehen und erst einmal zu investieren, sei es an Zeit oder Weiterbildung, scheint mir insgesamt geringer geworden zu sein.

Aufgrund der Vielfältigkeit im Berufsleben, die Bewerber sind ja fast schon überfordert, was es alles an unterschiedlichen Möglichkeiten insbesondere im Bereich der Ausbildung gibt, vermisse ich schon eine gewisse Zielorientierung.

Und dann gibt es auch verbreitet die übersteigerten Erwartungen bei Studienabsolventen, dass sie nun mit ihrem Abschluss die Lizenz des Wissens und Geld-Verdienens erworben haben. In den Hochschulen wird das Thema Gehalt und Karriere zum Teil doch sehr praxisfremd vermittelt.

Demografischer Wandel, Fachkräftemangel, War for Talents, Employer Branding sind Stichwörter, die gegenwärtig diskutiert werden. Wie stehen Sie dazu? Was sind aus Ihrer Sicht die großen Personalthemen der Zukunft? Worauf kommt es in Zukunft Ihrer Meinung nach an?

Ich glaube, in der Zukunft wird die Kombination von Familie und Beruf eine größere Bedeutung erhalten (Stichwort - flexibel gestaltete Arbeitsplätze). Die Tourismusbranche muss v.a. in Hinblick auf den Fachkräftemangel aufpassen, dass talentierte junge Menschen nicht in die Industrie abwandern, weil dort die finanziellen Möglichkeiten und auch die Benefits weitaus höher als in der Tourismusbranche sind.

Der zukünftige Erfolg von Tourismusunternehmen liegt neben dem „Faktor Mensch" jedoch auch und insbesondere in der Technologie. Überall zu jeder Zeit für die Kunden erreichbar und buchbar zu sein, bedeutet sowohl hohe Investitionen in die Technik, als auch in die Personalentwicklung der Mitarbeiter, damit diese am Puls der Zeit sind und Entwicklungen vorantreiben können.

Zu guter Letzt – möchten Sie den zukünftigen Berufsanfängern noch etwas mit auf den Weg geben?

Freude und Begeisterung sind schon immer die richtigen Berater gewesen, wenn es um die eigene berufliche Zukunft geht! Dann kommt der Erfolg von ganz alleine!

HERZLICHEN DANK!!

Name: Regina Grünewald
Position: Stellvertretende Direktorin
Unternehmen: Hotel Baseler Hof, Hamburg

Beschreiben Sie bitte kurz Ihren beruflichen Werdegang mit den wichtigsten Stationen (Ausbildung, Studium, bisherige berufliche Tätigkeiten)!
Abitur, Ausbildung zur Hotelfachfrau, Fernstudium BWL (nicht abgeschlossen), verschiedene Weiterbildungen: Business Coaching, Mediation, Marketing, PR. Nach der Ausbildung Rezeptionsmitarbeiterin, Reservierungsleiterin, Verkaufsleiterin, Sales and Marketing Director, Stellv. Direktorin.

Was machen Sie z.Zt. genau – beschreiben Sie bitte Ihre aktuelle berufliche Tätigkeit und Ihr Aufgabengebiet!
Mein Aufgabengebiet umfasst den gesamten Sales & Marketing-Bereich des Baseler Hofs und der verschiedenen angeschlossenen Gastronomien, sowie den Logisbereich und die Veranstaltungsabteilung.
Als Stellvertretende Direktorin habe ich die Führungsverantwortung für ca. 120 Mitarbeiter und Auszubildende.

Was reizt Sie besonders an der Tourismusbranche und speziell bei Ihrem Arbeitgeber?

Die Tourismusbranche ist vielfältig und spannend. Das Zusammentreffen der unterschiedlichsten Menschen und Kulturen – sowohl bei den Gästen als auch bei den Mitarbeitern – macht jeden Tag interessant und man lernt fast täglich wieder Neues. Die Kombination aus Dienstleistung, Betriebswirtschaft, Mitarbeiterführung und Kreativität im Marketing ist für mich ideal. Bei meinem Arbeitgeber ist es so, dass ich alle diese Bereiche in einem Job vereinbaren kann und eine hohe Eigenverantwortung habe. Kurze Entscheidungswege und die Möglichkeit, sich auch einmal auszuprobieren und auch mal Niederlagen zu erleben, machen meinen aktuellen Arbeitsplatz aus.

Können Sie etwas zum Gehaltsgefüge innerhalb der Tourismusbranche sagen?

Leider ist im Tourismus, insbesondere auch in der Hotellerie und Gastronomie immer noch ein sehr niedriges Gehaltsgefüge vorhanden. Die Einstiegsgehälter nach der Ausbildung sind gemessen an den körperlichen Belastungen, die dieser Job mit sich bringt und in Kombination mit Schichtdiensten und unregelmäßigen Arbeitszeiten nicht angemessen. Leider sind den meisten Arbeitgebern aber auch keine Möglichkeiten gegeben, mehr als Tarifgehälter zu bezahlen, da nach wie vor die „Geiz ist geil"-Mentalität auch bei Dienstleistung gegeben ist und Gäste oftmals nicht bereit sind, mehr für die Leistungen zu bezahlen.

Auch in den Führungspositionen sind die Staffelungen relativ gering und nach wie vor nicht vergleichbar mit Gehältern aus anderen Branchen.

Wie sieht ein typischer Arbeitstag bei Ihnen aus – gibt es diesen überhaupt bei Ihnen?

Einen typischen Arbeitstag gibt es nicht. Ich starte um 8.00 Uhr im Büro mit Bearbeitung von Emails und Schriftverkehr. In der Regel habe ich zwei bis drei Termine am Tag, diese sind meistens mit Anbietern von Produkten, Dienstleistungen, Werbung, aber auch mit Kunden und Geschäftspartnern. Drei bis vier Mal in der Woche gibt es interne Meetings zu verschiedenen Themen. Im Schnitt kann man sagen, dass ich weniger als die Hälfte meiner Arbeitszeit tatsächlich im Büro verbringe.

Wie hoch ist Ihr Arbeitspensum (in Wochenstunden) in etwa?

50-55 Stunden pro Woche.

Haben sich Ihre beruflichen Erwartungen bisher insgesamt erfüllt?

Ja. Ich hätte in den vergangenen Jahren verschiedene Möglichkeiten gehabt die Branche zu wechseln, habe mich aber immer dagegen entschieden.

Was ist Ihnen bei Ihren Mitarbeiterinnen und Mitarbeitern wichtig? Worauf kommt es fachlich, sozial und menschlich/ persönlich dabei an?

Auf die Soft Skills kommt es an. Fachlich können wir fast allen Mitarbeitern fast alles beibringen, aber das „Dienstleistungs-Gen" muss schon da sein. Die Bereitschaft, jederzeit für den Gast das Beste zu geben, ist das, was wirklich zählt. In Vorstellungsgesprächen geht es mir auch mehr darum, dass die Chemie stimmt und nicht unbedingt um die fachlichen Leistungen und Erfolge der Vergangenheit. Bei Mitarbeitern im mittleren Management und in der Führung ist es wichtig, dass auch die anderen Kollegen im Führungsteam zustimmen. Ein Beschnuppern bei einem Probetag ist deswegen bei uns ein Muss. Empathie und Zugewandtheit gehören in dieser Branche ebenso zu den Grundvoraussetzungen wie gutes Benehmen und Interesse an anderen Menschen und Kulturen.

Ausbildung oder Studium oder beides nacheinander? Dual oder privat studieren? Was ist der bessere Weg heutzutage? Gibt es „den" Königsweg?

In einer so praktischen Branche wie der unseren ist in meinen Augen eine Ausbildung unerlässlich. Nur wer wirklich auch mal den täglichen Ablauf kennengelernt hat, kann auch verstehen, was später in der Führung wichtig ist. Diese Ausbildung muss nicht zwingend in der Branche passieren, aber etwas Praktisches gelernt zu haben hilft sehr. Danach bietet sich ein Studium an, dies vertieft die Theorie und sollte betriebswirtschaftliche Kenntnisse vermitteln.

Den Königsweg gibt es, denke ich, nicht. Meiner Erfahrung nach kommen reine Theoretiker – zumindest im Hotel- und Gaststättengewerbe – nicht so gut an und ich selbst würde für das mittlere Management und Führung immer einen Bewerber bevorzugen, der ausgiebige Praxiserfahrung gemacht hat.

Für alle, die Tourismus studieren wollen – reicht der Bachelor-Abschluss heutzutage aus Ihrer Sicht aus oder muss es zwingend der Master-Abschluss sein? Wie erfahren ist die Tourismusbranche mit den neuen Studienabschlüssen?

Ich denke nicht, dass ein Master mit noch mehr Theorie wirklich hilft. Dienstleistung kann man nicht lernen, man muss es leben!

Was meinen Sie, wie kommen Studierende und Hochschulabsolventen nach dem Studium am besten in den gewünschten Job? Über Praktika, Projektarbeiten, Bachelor-/ Master-Thesis, Traineeprogramm, Direkteinstieg, Auslandsaufenthalte, Fremdsprachen, Netzwerke…?

Praktika sind immer gut, allerdings dürfen diese auch gerne „an der Basis" sein. Der Einstieg gleich in eine höhere Position macht keinen Sinn. Projektarbeiten sind in verschiedenen Bereichen (z.B. TQM, Marketing, HR) auch gut, um sich schon einmal in einem Betrieb mit der Realität auseinanderzusetzen. Auslandsaufenthalte sind natürlich für unsere Branche immer gut, zumal man hier auch praktische Erfahrungen sammelt.

Welche Einstiegsmöglichkeiten bietet das Unternehmen, in dem Sie beschäftigt sind, jungen Menschen, um dort beruflich Fuß zu fassen? (z.B. Praktika, Projektarbeiten, Bachelor-/Master-Thesis, Traineeprogramm, Direkteinstieg)?
Wir bieten Praktika und Projektarbeiten an. Auch zur Begleitung von Bachelor-Arbeiten stehen wir zur Verfügung. Traineeprogramme führen wir in Zusammenarbeit mit der Hotelfachschule durch; dies sind dann Management-Trainees.

Was schätzen Sie an Ihren jungen Bewerbern, was vermissen Sie, bzw. wo sehen Sie grundlegend noch Verbesserungsbedarf im Ausbildungssystem?
Ich schätze die Weltoffenheit der jungen Generationen und das Interesse am weltweiten Geschehen. Verbesserungsbedarf gibt es in so grundlegenden Dingen wie Benehmen, Selbstverantwortung und Einstellung zur Arbeit. Im Ausbildungssystem sollte – wie oben beschrieben – der Praxisanteil ausgebaut werden.

Demografischer Wandel, Fachkräfteman-
gel, War for Talents, Employer Branding
sind Stichwörter, die gegenwärtig disku-
tiert werden. Wie stehen Sie dazu? Was
sind aus Ihrer Sicht die großen Personal-
themen der Zukunft? Worauf kommt es in
Zukunft Ihrer Meinung nach an?
Das Personalthema der Zukunft wird der
Fachkräftemangel in allen Bereichen sein. Wir
müssen uns auf Mitarbeiterbindung konzent-
rieren, was natürlich heißt, ein für Mitarbeiter
passendes Umfeld zu schaffen. Dazu gehören
flexible Arbeitszeiten für Eltern, aber auch für
Mitarbeiter, die vielleicht Verwandte pflegen
müssen. Auch müssen wir schauen, wie wir
die Mitarbeiter so fit halten, dass sie bis zum
Renteneintritt gesund bleiben und auch noch
mit Spaß zur Arbeit kommen. Arbeitsplätze
werden sich entsprechend anpassen müssen.

Zu guter Letzt – möchten Sie den zukünf-
tigen Berufsanfängern noch etwas mit auf
den Weg geben?
Praxis, Praxis, Praxis ist das A und O unserer
Branche. Wie schon beschrieben, Dienstleistung kann man nicht lernen, man muss es
leben. Und wer sich für unsere Branche entscheidet, der sollte wissen, dass es „9to5"
nicht geben kann. Wir sind 24/7.

HERZLICHEN DANK!!

Name: Natalie Goern
Position: Referentin Vertrieb und Bildung
Unternehmen: Deutscher ReiseVerband (DRV), Berlin

Beschreiben Sie bitte kurz Ihren beruflichen Werdegang mit den wichtigsten Stationen (Ausbildung, Studium, bisherige berufliche Tätigkeiten)!

An der Universität Potsdam habe ich Wirtschaftsgeographie studiert und meinen beruflichen Einstieg beim Deutschen Industrie- und Handelskammertag (DIHK) gefunden. Bevor ich beim Deutschen ReiseVerband (DRV) das Referat Vertrieb und Bildung übernommen habe, war ich beim Bundesverband Deutscher Omnibusunternehmer (bdo) für die Touristik verantwortlich.

Was machen Sie z.Zt. genau – beschreiben Sie bitte Ihre aktuelle berufliche Tätigkeit und Ihr Aufgabengebiet!

Beim DRV betreue ich in Abstimmung mit dem Vorstand und der Geschäftsführung die Reisebüros. Wir bündeln die Interessen und vertreten diese gegenüber der Politik und den Medien, aber auch innerhalb der Branche. D.h., der DRV tritt oftmals als Mediator auf, wenn es Diskussionsbedarf innerhalb der Branche gibt. Des Weiteren bin ich für Aus- und Weiterbildung und die Nachwuchsförderung verantwortlich. Einerseits werbe ich bei Unternehmen, dass sie genügend Ausbildungsplätze zur Verfügung stellen und andererseits bei Jugendlichen für ihren beruflichen Einstieg in die Tourismusbranche. Neu ist, dass ich derzeit ein Netzwerk für Nachwuchskräfte in der Branche etabliere.

Was reizt Sie besonders an der Tourismusbranche und speziell bei Ihrem Arbeitgeber?
Die Tourismusbranche ist schnelllebig und gehört zu den Vorreitern, wenn es um Veränderungen geht. Es macht Spaß, sich immer wieder mit neuen Themen und Herausforderungen zu beschäftigten.

Können Sie etwas zum Gehaltsgefüge innerhalb der Tourismusbranche sagen?
So wie in anderen Branchen auch, hängt dies von den individuellen Qualifikationen und Aufgabenstellungen ab und kann daher ganz unterschiedlich sein. Für mich sind die Entwicklungsmöglichkeiten wichtig und diese sind sehr vielfältig. Die Tourismusbranche ist sehr dynamisch und daher wird der Alltag nie zur Routine.

Wie sieht ein typischer Arbeitstag bei Ihnen aus – gibt es diesen überhaupt bei Ihnen?
Ich bin überwiegend in der DRV-Geschäftsstelle tätig und ab und zu auf Dienstreise.

Einen typischen Alltag gibt es selten, denn wir sind Dienstleister für unsere Mitglieder. Wenn jemanden ad hoc der Schuh drückt, dann hat das Priorität.

Wie hoch ist Ihr Arbeitspensum (in Wochenstunden) in etwa?

Das sieht ganz unterschiedlich aus. Vor Branchen-Events wie der Messe ITB, dem DRV-Reisebürotag oder der DRV-Jahrestagung kann der Feierabend durchaus auch mal später sein oder auch am Wochenende muss gearbeitet werden.

Haben sich Ihre beruflichen Erwartungen bisher insgesamt erfüllt?

Ja, ich wollte immer eine abwechslungsreiche Tätigkeit, bei der man immer wieder etwas Neues lernen muss. Von einem stupiden Alltag bin ich weit weg und das ist toll.

Was ist Ihnen bei Ihren Mitarbeiterinnen und Mitarbeitern wichtig? Worauf kommt es fachlich, sozial und menschlich/ persönlich dabei an?

Es ist ein Mix aus fachlichen und sozialen Kompetenzen: Vertrauen, Verlässlichkeit, persönliches Engagement und Entscheidungsstärke in Kombination mit Teamfähigkeit sind mir wichtig.

Ausbildung oder Studium oder beides nacheinander? Dual oder privat studieren?

Was ist der bessere Weg heutzutage? Gibt es „den" Königsweg?

Den Königsweg gibt es leider nicht. Die Tourismusbranche ist eine praxisorientierte und weniger eine wissenschaftliche Branche. Daher erachte ich es als wichtig, in seiner beruflichen Ausbildung möglichst viele Erfahrungen zu sammeln. Die duale Ausbildung verliert zunehmend ihr positives Image; das finde ich persönlich schade.

Für alle, die Tourismus studieren wollen – reicht der Bachelor-Abschluss heutzutage aus Ihrer Sicht aus oder muss es zwingend der Master-Abschluss sein? Wie erfahren ist die Tourismusbranche mit den neuen Studienabschlüssen?

Die Idee von Bologna ist, nach dem Bachelor-Abschluss den Berufseinstieg zu finden und später den Master „draufzusetzen", wenn weitere Führungs-/Managementkompetenzen nötig sind. Die Umsetzung ist bei uns in der Branche nicht ganz gelungen und viele neigen dazu, direkt ein Master-Studium nach dem Bachelor-Studium zu beginnen. Karriere auf dem Papier ist nicht möglich, daher empfehle ich immer, lieber Berufserfahrungen zu sammeln und dann zu sehen, ob weitere Qualifikationen notwendig sind.

Was meinen Sie, wie kommen Studierende und Hochschulabsolventen nach dem Studium am besten in den gewünschten

Job? Über Praktika, Projektarbeiten, Bachelor-/ Master-Thesis, Traineeprogramm, Direkteinstieg, Auslandsaufenthalte, Fremdsprachen, Netzwerke…?

Egal wie, Kontakte in die Branche und Praxiserfahrungen sind das Wichtigste. Daher hat der DRV auch das Nachwuchskräfteprogramm ins Leben gerufen, um bereits Azubis und Studierenden die Möglichkeit zu geben, Branchenexperten frühzeitig kennenzulernen. Bewerben können sich junge Touristiker zwischen 18 und 25 Jahren.

Welche Einstiegsmöglichkeiten bietet das Unternehmen, in dem Sie beschäftigt sind, jungen Menschen, um dort beruflich Fuß zu fassen? (z.B. Praktika, Projektarbeiten, Bachelor-/Master-Thesis, Traineeprogramm, Direkteinstieg)?

Pflichtpraktika für Studierende bieten wir an, aber auch Abschlussarbeiten werden betreut, wenn es ein branchenrelevantes Thema ist. Unsere Tochtergesellschaft DRV Service GmbH bietet auch Ausbildungsplätze im Rahmen eines dualen Studiums an. Wenn beim DRV Stellen ausgeschrieben sind, können sich auch Berufseinsteiger bewerben. Die Stellen sind auf www.drv.de zu finden.

Was schätzen Sie an Ihren jungen Bewerbern, was vermissen Sie, bzw. wo sehen Sie grundlegend noch Verbesserungsbedarf im Ausbildungssystem?

Die vielfältigen Ausbildungswege in Deutschland halte ich für sehr gut und jeder hat die Möglichkeit, seinen Weg zu finden. Der Mix zwischen jungen und erfahrenen Mitarbeitern macht es aus: Einerseits müssen erfahrene Mitarbeiter neue Gedanken und Herangehensweisen zulassen und andererseits können junge Fachkräfte von den Erfahrungen der Kollegen profitieren.

Demografischer Wandel, Fachkräftemangel, War for Talents, Employer Branding sind Stichwörter, die gegenwärtig diskutiert werden. Wie stehen Sie dazu? Was sind aus Ihrer Sicht die großen Personalthemen der Zukunft? Worauf kommt es in Zukunft Ihrer Meinung nach an?

Die Tourismusbranche bietet tolle berufliche Tätigkeiten, aber vielen Jugendlichen ist das gar nicht bekannt. Der DRV wirbt seit vielen Jahren für die Branche und zahlreiche große Unternehmen tun dies auch. In den mittelständischen und inhabergeführten Unternehmen fehlt oftmals noch das Engagement, so dass es für die Zukunft bei dem einen oder anderen eng werden könnte, die entsprechenden Mitarbeiter zu finden.

Zu guter Letzt – möchten Sie den zukünftigen Berufsanfängern noch etwas mit auf den Weg geben?

Es ergeben sich immer tolle Möglichkeiten, seinen beruflichen Werdegang zu gestalten, aber dafür muss man flexibel und offen für Veränderungen sein.

HERZLICHEN DANK!!

Name: Michela Ivano
Position: Coordinator Recruiting & Career
Unternehmen: A-ROSA Reederei GmbH, Chur, Schweiz

Beschreiben Sie bitte kurz Ihren beruflichen Werdegang mit den wichtigsten Stationen (Ausbildung, Studium, bisherige berufliche Tätigkeiten)!

Ausbildung: Gelernte Fremdsprachenkorrespondentin; nebenberuflich Touristik-Fernstudium; Fortbildung Hotelbetriebswirtschaft.

Berufliche Stationen: Hochseeschifffahrt, Zypern, Schweiz im Front Office und Guest Relation-Bereich; Studioleitung Kosmetikinstitut; Touristik (RCL Cruises).

Nach nunmehr über zehn Jahren im Dienste der Gäste zog es mich dann im vergangenen Jahr in den Dienst der Mitarbeiter, und so kam ich zur A-ROSA Reederei GmbH.

Was machen Sie z.Zt. genau – beschreiben Sie bitte Ihre aktuelle berufliche Tätigkeit und Ihr Aufgabengebiet!

Ich bin für das Recruiting und Bewerbermanagement für die A-ROSA Reederei verantwortlich. Dabei geht es vornehmlich um die Rekrutierung und Selektion von potentiellen neuen Mitarbeitern für unsere Flotte sowie die Bekanntmachung und Repräsentation unseres Produktes auf dem Arbeitsmarkt.

Was reizt Sie besonders an der Touris-
musbranche und speziell bei Ihrem Ar-
beitgeber?
Die Vielseitigkeit; die Möglichkeiten; die Erlebnisse; die Reisen; die Kulturen; die Sprachen; die Menschen und noch vieles mehr ... .
Kein Tag gleicht dem anderen.

Können Sie etwas zum Gehaltsgefüge
innerhalb der Tourismusbranche sagen?
So viel sei gesagt: Man entscheidet sich eher
weniger aus finanziellen Gründen für den
Tourismus. Die Branche ist bekanntermaßen
nicht die bestbezahlteste und dennoch finden
sich hier vergleichsweise viele Dienstleister
mit Leib und Seele, die ihren Beruf mit Leidenschaft ausüben und in ihm aufgehen.

Wie sieht ein typischer Arbeitstag bei Ih-
nen aus – gibt es diesen überhaupt bei
Ihnen?
An einem regulären Arbeitstag bearbeite ich
die eingehenden Bewerbungen, führe und/
oder koordiniere Vorstellungsgespräche, stehe
in Kontakt mit unseren Agenturen im In- und
Ausland, organisiere Bewerbertage an Bord
unserer Schiffe sowie bei unseren Agenturen
im Ausland, recherchiere nach neuen Wegen
der Personalgewinnung, stelle neue Mitarbeiter ein und organisiere die Einsatzplanung
flottenweit mit. Irgendwo dazwischen gibt es
immer wieder auch etwas Unerwartetes…

Wie hoch ist Ihr Arbeitspensum (in Wochenstunden) in etwa?

Eine reguläre Arbeitswoche im Büro lässt sich mit etwa 42,5 Stunden bestreiten, wenn man dann mal auf Dienstreise ist (ca. einmal pro Monat) oder etwas Unvorhergesehenes eintritt, erhöht sich die Stundenzahl natürlich etwas und auch die Arbeit an Wochenenden ist nicht unüblich.

Haben sich Ihre beruflichen Erwartungen bisher insgesamt erfüllt?

Ja, das haben sie. Da es meine aktuelle Recruiting-Stelle in der Form noch nicht gab, als ich zu A-ROSA kam, hat es mich umso mehr gefreut, dass ich dahingehend gefördert und gefordert wurde.

Was ist Ihnen bei Ihren Mitarbeiterinnen und Mitarbeitern wichtig? Worauf kommt es fachlich, sozial und menschlich/ persönlich dabei an?

Personality ist alles. Mit der richtigen Einstellung kann man alles lernen und erreichen. Im Einsatz fragt niemand nach dem Master-Abschluss…

Ausbildung oder Studium oder beides nacheinander? Dual oder privat studieren? Was ist der bessere Weg heutzutage? Gibt es „den" Königsweg?

Es gibt keinen „Königsweg". Mit Engagement und Persönlichkeit kann man alles erreichen, was man erreichen möchte. Der Weg ist das Ziel und sei jedem selbst überlassen.

Für alle, die Tourismus studieren wollen – reicht der Bachelor-Abschluss heutzutage aus Ihrer Sicht aus oder muss es zwingend der Master-Abschluss sein? Wie erfahren ist die Tourismusbranche mit den neuen Studienabschlüssen?

Es muss kein Master-Abschluss sein. Bei Einstiegspositionen ist i.d.R. ein Bachelor-Abschluss ausreichend. In höheren Positionen kann ein Master-Abschluss von Vorteil sein, ist aber nicht unbedingt Voraussetzung. Zusätzlich zählen Berufs- und Praktikaerfahrungen.

Was meinen Sie, wie kommen Studierende und Hochschulabsolventen nach dem Studium am besten in den gewünschten Job? Über Praktika, Projektarbeiten, Bachelor-/ Master-Thesis, Traineeprogramm, Direkteinstieg, Auslandsaufenthalte, Fremdsprachen, Netzwerke…?

Das ist wieder ein Thema, das jeder individuell für sich selbst entscheiden muss. Die einen fühlen sich wohler, wenn sie vorher ein Praktikum absolvieren und andere wiederum stürzen sich am liebsten direkt in den Traumberuf. Hier sei allerdings angemerkt, dass man nicht der Illusion verfallen sollte, dass man mit „Theoretiker"-Wissen direkt als Hoteldirektor eingestellt wird, geschweige denn für diese Aufgabe qualifiziert ist. Für eine Führungsposition ist Praxiserfahrung in den jeweiligen Bereichen, die man führen möchte, unabdingbar. Das heißt also, erst mal „klein" anfangen.

Welche Einstiegsmöglichkeiten bietet das Unternehmen, in dem Sie beschäftigt sind, jungen Menschen, um dort beruflich Fuß zu fassen? (z.B. Praktika, Projektarbeiten, Bachelor-/Master-Thesis, Traineeprogramm, Direkteinstieg)?
Wir haben kein Standardprogramm, sondern lassen uns auf jeden Bewerber individuell ein und versuchen in einem Gespräch seine Ambitionen zu ergründen. Darauf aufbauend kann sich ein Traineeprogramm oder auch ein Direkteinstieg ergeben.

Was schätzen Sie an Ihren jungen Bewerbern, was vermissen Sie, bzw. wo sehen Sie grundlegend noch Verbesserungsbedarf im Ausbildungssystem?
Motivierte junge Berufsanfänger voller Tatendrang, die sich nicht zu schade für bereichsübergreifende Teamarbeit sind, wissen wir sehr zu schätzen. Illusorische Vorstellungen, die einige Ausbildungsstätten vermitteln, hingegen weniger…

Demografischer Wandel, Fachkräftemangel, War for Talents, Employer Branding sind Stichwörter, die gegenwärtig diskutiert werden. Wie stehen Sie dazu? Was sind aus Ihrer Sicht die großen Personalthemen der Zukunft? Worauf kommt es in Zukunft Ihrer Meinung nach an?

Das sind sicherlich Themen, die uns vor große Herausforderungen stellen. Wichtig ist in Zukunft, dass man sich als Unternehmen authentisch darstellt und hält, was man verspricht. Auch eine Arbeitgebermarke besteht aus Leistung und Vertrauen.

Zu guter Letzt – möchten Sie den zukünftigen Berufsanfängern noch etwas mit auf den Weg geben?

An dieser Stelle möchte ich unser A-ROSA-Leitbild zitieren und ihn in den Imperativ umwandeln:

Seien Sie menschlich

Seien Sie engagiert

Seien Sie offen

Machen Sie!

Faszinieren Sie!

HERZLICHEN DANK!!

Name: Anke Lüneburg
Position: Personalmanagement, Marketingleitung
Unternehmen: Tourismus Agentur Flensburger Förde GmbH, Flensburg

Beschreiben Sie bitte kurz Ihren beruflichen Werdegang mit den wichtigsten Stationen (Ausbildung, Studium, bisherige berufliche Tätigkeiten)!

Nach Abitur und einer sehr guten Ausbildung zur Hotelfachfrau im Mövenpick Hotel Münster habe ich einige Jahre Erfahrung im praktischen Destinationsmanagement gesammelt, bevor ich dann mein Studium aufgenommen habe. Da es damals kaum Angebote im Tourismus gab, habe ich mich für ein reines BWL-Studium an der FH Flensburg entschieden und all meine Hausarbeiten sowie die Diplomarbeit im Tourismus/ Destinationsmanage-ment geschrieben.

In meinen bisherigen Berufsjahren habe ich u.a. Erfahrungen als Leiterin der Tourist-Information Bad Bramstedt, als Regionalmanagerin für Tourismus in der Kiel-Region, als Geschäftsführerin der Destination Ostseefjord Schlei sowie als Dozentin (FH Westküste, Heide), Trainerin (Wirtschaftsakademie Schleswig-Holstein) und Beraterin/ Projektleiterin im Tourismus (N.I.T. Kiel) gesammelt. Ich habe darüber hinaus ein großes Netzwerk aufgebaut und war ehrenamtlich in verschiedenen Vorständen und Gremien von touristischen Verbänden. Gleichzeitig habe ich dazu beigetragen, aus kleinen kommunalen Tourismusverbänden größere schlagkräftigere regionale touristische Einheiten zu schaffen (in Schleswig-Holstein heißen sie „LTO, lokale Tourismusorganisation"). Eine LTO habe ich an der Schlei selbst aufgebaut und bei weiteren Gründungen bzw. Umsetzungen beraten.

Was machen Sie z.Zt. genau – beschreiben Sie bitte Ihre aktuelle berufliche Tätigkeit und Ihr Aufgabengebiet!
Derzeit bin ich Marketing- und Personalleiterin in einer zum 1.1.2015 gegründeten regionalen Gesellschaft mit z.Zt. 18 Mitarbeitern und Auszubildenden, die aus einer ehemaligen städtischen Tochter sowie weiteren kommunalen Institutionen entstanden ist. Ich habe den Betriebsübergang in meinem Bereich geplant und begleitet sowie die Geschäftsführung und die Gremien dazu beraten.
Im Personalbereich gehören alle Aufgaben von der Personalbeschaffung über Personalverwaltung, -begleitung und -entwicklung bis zur Zusammenarbeit mit dem Betriebsrat sowie der Beendigung von Arbeitsverhältnissen und dem Verfassen von Zeugnissen dazu. Ich befasse mich mit arbeitsrechtlichen Fragen und Arbeitszeitmodellen, bin IHK-anerkannte Ausbilderin für alle Auszubildenden im Beruf „Kaufmann/-frau für Touris-

mus und Freizeit", betreue Praktikanten aus
Schulen, Studium und Berufsvorbereitung,
konzipiere und organisiere Schulungen und
Fortbildungen.

Im Marketingbereich bin ich für die Marktfor-
schung, die Marketingplanung, die Budgetie-
rung und für das Marketingcontrolling verantwortlich. Bei der Umsetzung unterstützen
mich zwei Mitarbeiterinnen. Gemeinsam mit
der Geschäftsführung entwickeln wir derzeit
ein Marketingkonzept für die neue regionale
Gesellschaft, planen ein neues Corporate De-
sign, eine Website sowie Printprodukte mit
einem echten Urlaubsmagazin und setzen
diese Projekte in den nächsten Monaten gemeinsam mit einer Agentur um. Der Schwerpunkt des aktivierenden Marketings liegt im
Suchmaschinen- und Social Media-Marketing
sowie in der Presse- und Öffentlichkeitsarbeit.
Darüber hinaus gehören Infrastrukturprojekte
und die Entwicklung von touristischen Produkten dazu.

Ab September 2015 biete ich Beratung, Kon-
zeptionierung und Unterstützung beim Auf-
oder Umbau von regionalen Destinationen an,
mit besonderem Schwerpunkt auf der Umsetzung und dem flankierenden Marketing. Insbesondere die Führungskräfte, aber auch die
Mitarbeiter stehen beim Wechsel in eine neue
Institution vor großen Herausforderungen.
Hier kommen mir meine touristischen, recht-
lichen und wirtschaftlichen Erfahrungen
ebenso zugute wie meine Ausbildung zum

systemischen Coach (DGfC). Als Business-Coach unterstütze ich junge Menschen bei der Berufs- und Arbeitsplatzfindung ebenso, wie Führungskräfte oder Arbeitnehmer, die vor einer wichtigen Entscheidung stehen.

Was reizt Sie besonders an der Tourismusbranche und speziell bei Ihrem Arbeitgeber?

Die Tourismusbranche und insbesondere das Destinationsmanagement sind unglaublich vielfältig, kein Tag ist wie der andere. Man lernt sehr viele unterschiedliche interessante Menschen kennen, bearbeitet immer wieder neue Themen und stellt sich neuen Herausforderungen. Trendbeobachtung, Entwicklung der Technik (Online-Buchungen!), Wünsche der Kunden hinsichtlich Qualität von der Infrastruktur bis zum Service etc. – alles bleibt spannend und will immer wieder neu überprüft und verändert werden.

Bei meinem derzeitigen Arbeitgeber empfinde ich den Umbau von einer städtischen zu einer regionalen Gesellschaft als großer Herausforderung, aber v.a. als große Chance dazu beizutragen, die Destination neu aufzustellen, ihr ein neues Gesicht zu geben. Dazu gehören v.a. die Mitarbeiter, die das Gesicht der Gesellschaft sind, eine sehr gute Servicequalität bieten sollen, dafür aus- und weitergebildet werden und von den Führungskräften stets gestärkt und motiviert werden sollen. Hier ist es eine große Freude, wenn alle diese Herausforderungen gemeistert haben und zu einem guten Team zusammengewachsen sind.

Können Sie etwas zum Gehaltsgefüge innerhalb der Tourismusbranche sagen?
Im Destinationsmanagement wird, wenn es sich nicht um eine Tätigkeit im öffentlichen Dienst handelt, das Gehalt zwischen Mitarbeiter und Geschäftsführung direkt verhandelt. Meist gibt es interne Stufen, die z.B. auf den Jahren der Berufserfahrungen, der Ausbildung (z.B. Ausbildung, Bachelor oder Master), dem vorhandenen Fachwissen (Ausbildung im Tourismus oder Quereinsteiger) und/oder der zu besetzenden Position beruhen. Darüber hinaus werden in manchen Gesellschaften auf Basis von Zielvereinbarungen Prämien gezahlt.

Wie sieht ein typischer Arbeitstag bei Ihnen aus – gibt es diesen überhaupt bei Ihnen?
Einen typischen Arbeitstag habe ich in all meinen Berufsjahren nicht erlebt. Wichtig ist, seinen Tag sehr gut zu strukturieren, um allen Anforderungen gerecht zu werden. Meist beginne ich mit dem Lesen meiner To-do-Liste, mit der ich am Tag vorher meine Arbeit beendet habe. Ich checke die Prioritäten und die Termine, die ich an dem Tag habe, und lese ggf. noch einmal Vorlagen dazu. Wenn noch Zeit ist, lese ich meine Emails, beantworte sie oder leite sie weiter und/oder tele-

foniere. Vormittags sind häufig Termine: Intern habe ich z.b. je einen festen Termin pro Woche mit den Marketing-Mitarbeiterinnen und mit meiner Personalmanagement-Vertreterin sowie eine Abteilungsleiterrunde. Dazu kommen Vorstellungsgespräche, interne Nachbesprechungen sowie die Durchführung von Schulungen für Auszubildende. Externe Termine sind z.b. Absprachen mit Agenturen, Projektpartnern oder Leistungsträgern. Meist plane ich direkt nach Terminen die entstandenen Arbeitsaufträge ein oder leite sie weiter. Auch habe ich dann wieder einen Block, in dem ich Emails und Post lese sowie telefoniere. Für strategische Arbeiten halte ich mir Zeiten frei, in denen ich mich zurückziehe. Häufig sind kurzfristige Dinge zu entscheiden, z.b. hinsichtlich Budgetverteilung, Presseanfragen oder Terminabsprachen. Vor dem Heimweg erstelle ich eine neue To-do-Liste für den nächsten Tag.

Wie hoch ist Ihr Arbeitspensum (in Wochenstunden) in etwa?

Regulär arbeite ich 20 Wochenstunden, da ich zusätzlich freiberuflich als Lehrbeauftragte und Coach tätig bin. In den letzten Monaten lag die durchschnittliche Wochenarbeitszeit aufgrund des Betriebsübergangs und der Neukonzeptionierung des Marketings bei 25-30 Wochenstunden.

Haben sich Ihre beruflichen Erwartungen bisher insgesamt erfüllt?

Ja, denn ich konnte in meinen Berufsleben sehr häufig mit- und neu gestalten, im Marketing neue Strategien entwickeln und umsetzen, Organisationen aufbauen und (weiter-) entwickeln und v.a. Menschen aus- und weiterbilden, stärken und motivieren, so dass sie sehr gute Tourismusarbeit leisten.

Was ist Ihnen bei Ihren Mitarbeiterinnen und Mitarbeitern wichtig? Worauf kommt es fachlich, sozial und menschlich/ persönlich dabei an?

Freude am Umgang mit Menschen, der unbedingte Wunsch, Urlaubern und Besuchern zu einem schönen Aufenthalt zu verhelfen, auch bei hohen Besucherzahlen. Also überzeugte Dienstleister, die belastbar und jederzeit freundlich, höflich und gern auch fröhlich sind. Engagement, selbstständiges Handeln, hohes Verantwortungsbewusstsein, Menschenkenntnis, Einfühlungsvermögen und Respekt gehören ebenso dazu – in Bezug auf den Urlauber ebenso wie hinsichtlich der Leistungsträger und Gremien. Fachwissen und umfassende Produktkenntnisse sind wichtig – aber letzteres ist erlernbar, die ersten Aspekte sind unabdingbar und meist persönliche Eigenschaften und Charaktermerkmale.

Ausbildung oder Studium oder beides nacheinander? Dual oder privat studieren?

Was ist der bessere Weg heutzutage? Gibt es „den" Königsweg?

Es gibt verschiedene Möglichkeiten des Einstiegs ins Destinationsmanagement; sinnvoll ist heute schon eine Ausbildung oder ein Studium mit dem Schwerpunkt Tourismus. Die Ausbildung zum Kaufmann/-frau für Tourismus und Freizeit ist sehr anspruchsvoll, hier ist Abitur oder Fachabitur hilfreich. Eine abgeschlossene Ausbildung kann den Einstieg ins Studium leichter machen, denn die jungen Menschen können dann die Wichtigkeit und die Inhalte der theoretischen Lehrinhalte besser einordnen. Bewerbungen von Studierenden mit Praxiserfahrung sehe ich mir immer genauer an. Wenn man studieren möchte, sollte man Wert auf die Qualität der Lehre, die Vernetzung der Hochschule und auf den Praxisbezug legen. Wichtig sind Praktika, möglichst bei unterschiedlichen Tourismusanbietern, z.B. im Destinationsmanagement, beim Reiseveranstalter, im Hotel… .

Für alle, die Tourismus studieren wollen – reicht der Bachelor-Abschluss heutzutage aus Ihrer Sicht aus oder muss es zwingend der Master-Abschluss sein? Wie erfahren ist die Tourismusbranche mit den neuen Studienabschlüssen?

Nach den ersten Jahren der Unsicherheit hinsichtlich des Bachelor-Abschlusses kann ich jetzt sagen, dass für uns im Destinationsmanagement der Bachelor ein anerkannter und hinsichtlich der umzusetzenden Aufgaben ein angemessener Abschluss ist, der meist ausreicht. Strategisches Denken ist erforderlich, aber mindestens ebenso wichtig sind eine pragmatische Herangehensweise, Einfühlungsvermögen, persönliche Reife, Verständnis und die praktische Umsetzungsfähigkeit von Projekten. Der Bachelor-Abschluss wird insbesondere anerkannt, wenn auch die Thesis zu einem in der Praxis relevanten Thema geschrieben wurde.

Was meinen Sie, wie kommen Studierende und Hochschulabsolventen nach dem Studium am besten in den gewünschten Job? Über Praktika, Projektarbeiten, Bachelor-/ Master-Thesis, Traineeprogramm, Direkteinstieg, Auslandsaufenthalte, Fremdsprachen, Netzwerke…?

Im Destinationsmanagement sind Praktika während des Studiums bzw. eine Ausbildung vorab sehr hilfreich; das Schreiben einer Thesis zu einem relevanten Thema eines Unternehmens oder einer Gesellschaft ist ein sehr guter Einstieg. Hier empfiehlt es sich, vorab zu fragen, ob ein Unternehmen ein Projekt oder ein Thema hat, bei dem es Unterstützung braucht – denn meist haben Destinationsmanagementgesellschaften so wenige Kapazitäten, dass sie sehr an studentischen Arbeiten interessiert sind. Traineeprogramme bieten nicht alle Gesellschaften, sind aber interessant für die, die wenig Praxiserfahrung haben – sie könnten diesen Einstieg z.B. einem für sie interessanten Unternehmen vorschlagen. Sprachen sind immer wichtig: Englisch unabdingbar; in einer Grenzregion wie unserer ist die Sprache des Nachbarlandes (Dänemark) ebenfalls wichtig, um Projekte durchführen zu können. Auch das Beherrschen der Sprache eines wichtigen ausländischen Quellmarktes kann sinnvoll sein.

Welche Einstiegsmöglichkeiten bietet das Unternehmen, in dem Sie beschäftigt sind, jungen Menschen, um dort beruflich Fuß zu fassen? (z.B. Praktika, Projektarbeiten, Bachelor-/Master-Thesis, Traineeprogramm, Direkteinstieg)?
Wir bieten Ausbildungs- und Praktikumsplätze, möglichst drei Monate, gern länger, wenn es sich um ein Pflichtpraktikum handelt. Wir begleiten Projektarbeiten und Theses, wenn es sich um ein Thema handelt, das für uns wichtig ist. Üblich ist der Direkteinstieg, wenn die Voraussetzungen stimmen (s.o.).

Was schätzen Sie an Ihren jungen Bewerbern, was vermissen Sie, bzw. wo sehen Sie grundlegend noch Verbesserungsbedarf im Ausbildungssystem?
Ich schätze engagiertes, eigenverantwortliches Handeln und Mitdenken sowie die Bereitschaft, Neues zu lernen, im Team zu arbeiten und das theoretische Fachwissen anzuwenden. Wichtig ist, dass junge Bewerber das System

Tourismus verstanden haben, Praxiserfahrung bereits im Studium sammeln und bereit sind, zumindest im Destinationsmanagement zu geringeren Gehältern als in anderen Branchen zu arbeiten. Dafür ist sehr viel Abwechslung, Freude an der Arbeit, Anerkennung und die Zusammenarbeit mit Menschen ein ideeller Gewinn.

Verbesserungsbedarf besteht meines Erachtens im Studium: Die Studierenden sollen in sehr kurzer Zeit sehr viel theoretisches Wissen aufnehmen und haben außer einem Praxissemester keinen Bezug zur Praxis. Daher empfehle ich, weitere, freiwillige Praktika in verschiedenen Unternehmen oder vorab eine Ausbildung zu machen.

Ein weiterer Punkt sind die Noten: Bewerber werden nicht ausgewählt, weil sie nur Einsen in ihren Klausuren und Hausarbeiten geschrieben haben, sondern nach Praxiserfahrungen, Themen der Thesis oder Ehrenämtern, die z.B. Organisationstalent und Engagement dokumentieren. Der Trend zu sehr vielen Bachelor- oder Master-Abschlüssen mit der Note 1,0 ist eher bedenklich und führt zur Entwicklung von Einstellungstests in den Unternehmen, um das tatsächliche Wissen zu überprüfen.

Demografischer Wandel, Fachkräftemangel, War for Talents, Employer Branding sind Stichwörter, die gegenwärtig diskutiert werden. Wie stehen Sie dazu? Was

sind aus Ihrer Sicht die großen Personal-
themen der Zukunft? Worauf kommt es in
Zukunft Ihrer Meinung nach an?

Die genannten Stichwörter sind tatsächlich
aktuell und stellen für uns aus dem Destinationsmanagement eine große Herausforderung
dar. Wir arbeiten an einem Employer Branding, indem wir unsere Arbeit öffentlich prä-
sentieren, an „Job-Watching" und „Job-
Searching"-Aktivitäten sowie „Lehrstellenral-
lyes" teilnehmen, Schülerpraktika auch an
Gymnasien anbieten und mit der Lokalpresse
zusammenarbeiten. Gleichzeitig halte ich es
für wichtig, die vorhandenen Mitarbeiter stetig
zu motivieren, ihnen attraktive Arbeitsplätze
anzubieten (materiell, geistig und ideell) und
sie angemessen fortzubilden. Zusätzlich sollten sie die Chance haben, bei entsprechender
beruflicher und persönlicher Weiterentwick-
lung in neuen Positionen tätig zu sein.

Wir haben deutlich weniger Bewerbungen auf
Ausbildungsplätze als in der Vergangenheit,
daher binden wir unsere Auszubildenden bei
der Präsentation des Unternehmens mit ein.
Unseren Auszubildenden, aber auch Praktikanten werden zusätzlich Schulungen angebo-
ten, die über den Stoff an der Berufsschule
hinausgeht, um sie weiterhin für den Beruf zu
begeistern.

Ich denke, dass Employer Branding, Prakti-
kumsangebote und stetige Information über
die Arbeitsmöglichkeiten im Tourismus sowie
der Aufbau einer professionellen Personal-

entwicklung in jedem Unternehmen im Destinationsmanagement unabdingbar sind für die Zukunft.

Zu guter Letzt – möchten Sie den zukünftigen Berufsanfängern noch etwas mit auf den Weg geben?

Nutzen Sie alle Chancen, die sich Ihnen bieten! Testen Sie unterschiedliche Unternehmen im Tourismus (Reiseveranstalter, Hotels, Freizeitanbieter, Destinationsmanagement-Institutionen) im Rahmen von Praktika, eignen Sie sich viel Fachwissen an, indem Sie über Klausuren oder Hausarbeiten hinausdenken, zusätzliche Literatur lesen und sich Sprachkenntnisse aneignen. Noten sind wichtig – wichtiger ist aber Ihre Fähigkeit, Ihr theoretisches Wissen in der Praxis anzuwenden. Wählen Sie als Themen für Hausarbeiten und Theses unternehmensrelevante Fragestellungen und/oder Projekte, die Sie wirklich interessieren und Ihr Sprungbrett in einen Arbeitsplatz sein können.

HERZLICHEN DANK!!